企业高维度经营转型

李世勇　著

中国商业出版社

图书在版编目（CIP）数据

企业高维度经营转型 / 李世勇著 . -- 北京：中国商业出版社，2023.3
ISBN 978-7-5208-2356-2

Ⅰ. ①企… Ⅱ. ①李… Ⅲ. ①企业经营管理—研究 Ⅳ . ① F272.3

中国版本图书馆 CIP 数据核字（2022）第 226763 号

责任编辑：杜　辉

中国商业出版社出版发行
（www.zgsycb.com　100053　北京广安门内报国寺 1 号）
总编室：010-63180647　编辑室：010-83118925
发行部：010-83120835/8286
新华书店经销
三河市龙大印装有限公司印刷
*
710 毫米 ×1000 毫米　16 开　13.75 印张　140 千字
2023 年 3 月第 1 版　2023 年 3 月第 1 次印刷
定价：55.00 元
* * * *
（如有印装质量问题可更换）

内容简介

本书分为上、中、下三篇，系统地介绍了高维度经营的基层逻辑、高维度经营体系内容“一体”、高维度经营体系落地抓手“两翼”等内容，以帮助企业实现良性发展。

上篇主要介绍了高维度经营体系形成的过程和基层逻辑。高维度经营的理念是作者从16年职业生涯的经验中归纳提炼所得，本书提出的“新四大红利”和“高维度经营”会导致企业之间产生不平衡竞争，因此企业要通过遵循规律，系统性地打造企业竞争优势。

中篇主要介绍了“一体”高维度经营要素。“一体”包括产品利润经营、现金流经营、股权经营、政策经营，这些是构成高维度经营的主要要素。

下篇主要介绍了“一体”通过“两翼”来落地。“两翼”之一指的是企业的“组织架构”，涉及如何对产业链进行重构，如何构建价值链、价值网和生态链等内容。另外一翼指的是“企业银行家”，高维度经营的实际操盘人、财务总监转型为“企业银行家”推动企业经营维度落地。

前言

我国经济已由高速增长阶段转向高质量发展阶段，企业也面临着从规模发展到质量发展的转变，我国经济发展进入了新时代。

新冠疫情加速了人们的生活和工作方式的改变，进一步推动了工作模式革新的进程。企业面临着工作模式创新、新技术研发、新数据战略转型等方面的诸多挑战。新冠疫情也加速了产能调节，这让一些低效率、高能耗的企业加快了调整的步伐。

没有朝阳的产业，只有朝阳的企业。随着工业智能化大生产的发展，优质企业之间产品与产品的竞争差距会越来越小。而随着技术迭代和产业变革，企业的业务模式正在发生变化，企业需要重新优化战略定位。因此，企业需要由低维度经营向高维度经营转变。

维度是什么？爱因斯坦在研究宇宙的时候，曾提到过“多维空间”这一概念。爱因斯坦认为，宇宙是具有多个维度的，人类生活在三维空间之中。蚂蚁本身生活在三维空间中，但是在它们的感官世界中，却只存在二维世界。

蚂蚁只对前后（长）、左右（宽）所确立的平面性空间有感应，而不知道有上下（高）。蚂蚁上树时也不会感知到高，因为它们循着同伴留下的气味而去，它们在树上只会感应到前后和左右。一群蚂蚁搬运一块食物向巢穴爬去，我们用针把食物挑起来，放在离它们很近的地方，所有蚂蚁只会前后左右在一个平面上寻找，绝不会向上搜索。对于蚂蚁来说，眼前的食物突然消失实在是一个谜。

当蚂蚁依据自己的认知在被二维确立的平面上寻找不到食物时，这块食物对它们来说就是神秘失踪了。因为这块食物已从二维空间进入三维空间。只有我们把食物再放回它们的感知面上，蚂蚁才可能再次发现它。可见，对于蚂蚁来说，三维空间的高就是它们的高维世界。

我们可以用维度和层次两个层面衡量我们所做的事情。

我们可以将维度理解为看事物的角度。对于单一个体来说，看问题时容易视角单一、思维固化，能从多角度看问题的都是高手。而层次就是段位的区分，是看问题的深度。针对每种情况，如果我们能用科学的、系统性的模型来分析、解释和预测，那么我们的眼光就更全面。

著名国学大师王国维曾提出“治学三境界”。

第一重境界：“昨夜西风凋碧树。独上高楼，望尽天涯路。”古今能成大事、大学问者，都具有“昨夜西风凋碧树”的反思精神，而且具备“望尽天涯路”的远见与格局。第二重境界：“衣带渐宽终不悔，为伊消得人憔悴。”若想成就大事，我们就绝不能缺少坚定无疑的意志和苦思求索的精神，更不该动摇自己内心深处的坚守。第三重境界：“众里寻他千百度，蓦然回首，那人却在，灯火阑珊处。”对于有些事情，我们无须苦苦追寻，功到自然成。

生活中有三种人：第一种是落井下石的人；第二种是锦上添花的人；第三种是雪中送炭的人。

人的一生不可能是一帆风顺的，犹如一天之中有黑夜，也有白天，有阳光灿烂的时候，也有暴风骤雨的时候。落井下石不可取，也不能为；锦上添花虽无可指责，但可少做，甚至不做；雪中送炭最应当做，而且要多做。落井下石者是小人，锦上添花者是常人，雪中送炭者是善人、勇敢的人。

思想境界的三个层次：看山是山，看水是水；看山不是山，看水不是水；看山依然是山，看水依然是水。

思想境界低的人，如同站在山底，“看山是山，看水是水”，即看什么都只看表面：“只见树木，不见森林。”思想境界处于中等水平的人，如同站在山腰，开始思考事物表面背后的内在含义：“横看成岭侧成峰，远近高低各不同。”思想境界高的人，如同站在山顶，人生开悟、大彻大悟后，明白山水、自然的可贵与美好：“不畏浮云遮望眼，只缘身在最高层。”

企业是一个组织，也是一个“人”，它有骨骼架构、思想文化，那么企业的经营维度是什么呢？

《企业高维度经营转型》尝试通过诠释“经营维度”来探寻企业新生力量，让企业获得可持续发展，让企业的利益最大化。

笔者认为，推进企业进步的力量包括科学技术产生的化学变化，以及因结构的重新组合引起的物理变化。通过对未来发展趋势和非对称竞争优势的判断，笔者提出了企业经营所面临的四个经营维度。如果企业家想在竞争激烈的市场中，迅速扩大自己的事业版图，就需要提升企业的经营维度。

高维度经营体系重新定义了企业经营战略边界、组织边界和团队体系，以形成闭环竞争优势。

笔者写《企业高维度经营转型》这本书，是为了让更多的企业了解高维度经营，以助力更多的企业有步骤地升级企业的经营维度，从而为中国经济高质量发展贡献自己的一份微薄力量，为财务总监转型升级提供一个新的思路。

借助本书，笔者想向曾经的领导、一起共事过的同事们致谢，也向逝去的青年时代致敬！

李世勇

2022 年 8 月 13 日于青岛

CONTENTS 目录

上篇　高维度经营的基层逻辑

中篇　高维度经营体系内容“一体”

上篇

高维度经营的基层逻辑

第 1 章

理论体系的形成期

高维度经营理论体系主要介绍了如何将企业由低维度经营提升到高维度经营层面，既包括背后的逻辑理念“高维度经营基层逻辑”，也包括高维度经营的四个要素“高维度经营的体系内容（一体）”，还包括了“高维度经营的落地抓手（两翼）”。

1.1 经历了一个大型集团的发展历程

高维度经营理论体系主要经历了创立、发展和完善三个阶段。

理论体系基于笔者在“新希望六和”16 年工作经验所创建。这一体系经历了以下几个发展阶段。

（1）企业精细化管理阶段。

（2）解决企业内部精细化管理瓶颈，追求效益的阶段。

（3）企业国内及国外扩张阶段。

（4）企业金融体系发展、优化阶段。在这一阶段，笔者参与了金融担保公司、保理公司、希望金融、供应链金融、内部资金池和财务公司等板块的工作，并对其进行了优化。

（5）企业产业链向价值链重构阶段。

（6）企业市值管理阶段。

（7）企业全面向数字化转型阶段。

在职业发展上，笔者围绕一个专业线路，基本按照 1 至 2 年一次的频率在升迁。从纵向上看，笔者的职级由四级升至一级；从横向上看，笔者在上市公司总部两个大部门间调动，因而实现了岗位级别和业务技能的双重提升。

在这个过程中，通过对实战经验的总结归纳，笔者能够将产品利润经营维度拓展到多维度，能够将全产业链重构成价值链、价值网以及生态体系，并具备治理架构顶层设计的能力，如图 1-1 所示。

在这 16 年的职业生涯中，笔者巧妙地解决了专业广度和专业深度之间的矛盾。很多机会也使笔者能够在一个层面上沉淀下来，能够在一个点上聚焦、深挖，但是当笔者深入挖掘一个方面的时候，往往会忽略其他重要的东西。而对经营维度的认识，需要深入各个经营维度之中，而不是只停留在一个层面上，因此笔者深入了解了组织架构、价值网络等。

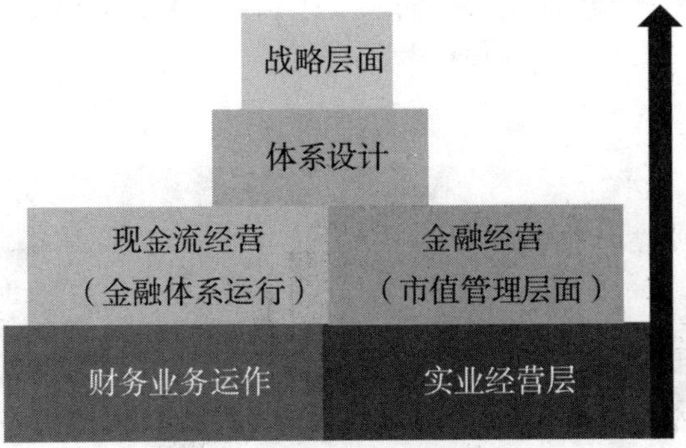

图 1-1　笔者的理论体系

这 16 年的职业生涯，也是笔者对如下内容进行反复思考和整理的过程。

（1）推动企业财务总监重新定位，推动企业竞争战略升级。

（2）推动企业融资顺利进行，降低融资成本，规避融资风险，助力产业链生态圈建设，并为跨业态发展输出资金、商业逻辑、治理结构和管理模式。

（3）推动企业由单一盈利模式向多维度盈利模式转变。

（4）推动企业优化治理和管理架构顶层设计，优化交易结构。

（5）推动企业对全产业链重构，对产业链进行更新改造和升级换代，让企业聚焦优势资源，发挥专业化功能，让企业由拥有一个动力引擎，转变为拥有多个动力引擎。

工作了 14 年之后，笔者在职读了 MBA 课程，从而让实战工作经验得到发展、升华，笔者也深刻体会到了“百战归来再读书，厉兵秣马再起航”的深层含义。在职读书，也使得笔者能够将之前实际工作中的工作心得、经验积累和粗放的知识体系系统化整合，也使得笔者能够在一个较短的时间内，让自己的知识体系在不同行业内交流和碰撞。

图 1-2　笔者 MBA 课程结束时和同学的合照（右一为笔者）

最近几年，在不同项目中积累的经验让笔者的理论体系得到了检验和完善。笔者实现了现金流经营体系重构，优化了集团财务架构、融资方案、资金管理等内容，探索成立集团财务公司，优化私募基金管理运行方案。笔者具体的成就如下：

（1）在抵押、保证金不变的情况下，银行贷款增加 x 亿元。

（2）在保证现有融资规模的情况下，利息收益增加 y 亿元。

（3）将融资团队细分为筹资组和产业链金融组。

笔者完成了组建筹资组、增加公司评级、统筹规划贷款事宜、降低筹资成本等任务。笔者还组建了产业链金融组，探索资金价值。此外，笔者还负责设计、监督、完善金融产品。

(4) 在集团层面，笔者主张实行资金头寸管理，掌控集团资金总额度。

(5) 组建集中收付平台，实行收支两条线管理，尝试建设资金池，提高内部资金使用效率。

(6) 探索和论证财务公司启用的方案及必要性。

(7) 加强对私募基金管理机构和合资公司的管控。

笔者还进行了百亿级规模体量公司的价值链重构、市值管理等工作，参与了十几亿规模体量“借船出海”上市的项目以及运作、投资“微风发电”等诸多项目。

也正是这些实践的检验，让高维度经营体系得到完善，也让笔者看到了它的价值所在——从结构层面推动企业高质量发展。

受益于新希望六和的高速成长，笔者有机会在体系内从财务人员逐级升迁为股份公司总部的财务骨干成员。

1992 年，六和集团的老董事长张唐之先生在山东淄博以 3120 元人民币创办了六和集团的前身——鼎立通达公司；1995 年，张唐之联合他在莱阳农学院时的两个同学黄炳亮和张效成正式创办六和集团。

六和最初的成功是依靠“微利经营、服务营销、密集开发”这三大法宝，六和后来的发展战略是进行纵向整合，延伸产业链，把自己定位为“产业链的组织者”，即提供饲料、农药、种苗、技术服务等，然后再从养殖户手中购买家禽，进入六和的冷藏、屠宰、加工链条。

微利经营的实施，一方面，让利用户，调动了农户发展养殖业的积极性，促进了养殖产业的快速发展；另一方面，促使企业注重内在发展，提高生产效率，降低生产成本，推动企业管理升级。

六和集团在成立伊始就面对激烈的竞争，当时中国饲料产业的大鳄已布局完毕，六和集团之所以能够杀出重围，根本原因是其采取了低价策略。1997 年是中国饲料行业转型的一个关键点。这一年，首先是饲料价格大起大落，接着是禽流感大面积暴发。

张唐之在当年 10 月的六和总经理经营检讨会上表示："我们的农民兄弟在流血流泪，我们怎么还能忍心拿那么高的利润。"然后他便命令六和产品全线大降价，要求进行微利经营。

微利经营的关键是成本控制，六和就是靠发掘一切潜力，整合一切优势，降低饲料产品的成本，把微利经营真正建立在低成本的优势基础上。

六和降低成本的措施主要有四个：一是发挥集团公司规模采购优势，采购质优价廉的原料。进口原料均由集团公司统一采购，国内部分大宗原料也由集团公司或者片区统一采购，这大大降低了采购成本。二是提高营养配方技术水平，降低营养配方成本。集团公司营养配方技术人员在执行用户质价标准和确保各项营养指标的基础上，对一些替代原料不断进行试验、开发和使用，有效地降低了配方成本。三是严格控制和降低管理、制造、生产、销售等环节中所产生的费用。四是开始尝试利用金融手段，即利用原料期货的套期保值来防范价格不确定性给企业经营带来的风险。

降价直接导致了领导者开始把目光投向成本上，一张纸、一滴水、一度电，都纳入了企业成本控制的范围内。降价带来的一个结果是产品销量大增，生产规模急剧扩大。同时，采购成本降低，资金的流转速度加快，六和的许多饲料厂每月的资金周转可循环三次。这一切再反过来导致六和的效益大幅增加。

1998 年年底，当六和盘点微利经营的结果时发现，非但没有什么损失，整个集团的利润反而大幅增加。更重要的是，从此六和声名鹊起，市场占有率大幅增加，确立了在山东市场的强势地位。

服务营销使企业直接服务于农户，企业的业务员在自己的“责任田”里精耕细作，对农户的服务也更加到位。

“以 50 千米为半径，30 千米内重点密集开发，50 千米内重点服务。”六和董事会当初的这种战略构想，在于引导集团下属公司把市场线路由长变短，产品直面用户。最终结果是在山东省版图上出现星罗棋布、密密麻麻的六和工厂，六和的生产工厂在山东省形成群聚或聚落经营的局面。

密集开发体现在各饲料公司尽量简化销售环节，优化销售渠道。这样一来是对规模化养殖大户尽可能地做到直销，节省下来的中间费用全部让利给用户；二来是对必须保留经销商的地区，仅保留一级，并引导他们也实行微利经营，靠量获利；或者把优秀的经销商转变为公司的服务营销人员，从而进一步降低销售环节的费用，保证近距离密集开发区内的养殖用户真正享受到公司的微利产品。

同时，将各饲料公司的市场范围限定在 50 千米的半径内。这对六和公司来说是一个非常大的挑战，例如产品的质量是否能被这个小区域内的养殖户认可。这就迫使六和公司不能出错，必须要做到低成本，必须要在区域内保持最强的竞争力，否则就没有生存的空间。

六和集团凭借“三大法宝”战略获得了客流量入口，又凭借着高水平的现金流运作能力、轻资产运作能力及纵向产业链运作能力让企业快速成长。此外，六和集团在产业链方面还进行了如下建设。

1. 现金流垂直控制

集团总部财务部直接与各下属分公司的财务部进行对接，实行垂直领导。这是六和能够牢牢控制下属分布在宽广地域范围内的庞大企业集群的一个非常重要的原因。

各分公司所有的销售回款都要每月无条件地上缴给公司总部，然后根据下一月的生产计划向总部申领流动资金购买生产资料。集团总部和各分公司之间有非常成熟的内部资金计息考核办法，假如分公司在经营方面出现了问题，导致流动资金的申领超出了范畴，那么还需要向总部支付多申领的资金的利息。

同样地，若分公司运营顺利，资金的周转速度特别快，申领的资金减少，上缴的资金增多，那么集团也将向分公司支付利息。实际上，虽然六和饲料产品的单品利润很低，但所有的产品都是用现金交易的，因此可以迅速获得大量现金。这些资金从各个分公司聚集起来，总现金数量就非常庞大，稍加运用就能产生巨大的效益。

六和集团总部的架构相当简单，事实上更像是一家投资公司，即总部不负责具体经营事务，经营权全部下放给集团的各个分公司，以及肉食、养殖等事业部。

2. 集团轻资产经营

投资买地建新厂、收购旧厂、合作托管、租赁、委托加工、贴牌生产和贸易，均可成为饲料企业做大做强的路径。这些不同的路径是以不同的资产管理模式为基础的，并且一旦选定某一路径后，就会产生相当程度的路径依赖性，即在一定的融资能力下，若企业将资金过多地投向机器设备、厂房等重型资产方面，将导致企业资产流动性大幅度降低，从而难以及时抓住更好的发展机遇，错失快速发展的时机。

饲料本身是一个资金密集型产品，在采购原料时，需要快速积聚大量资金，因而对生产企业的资金流动有着非常高的要求。

六和集团在国内饲料企业集团中很早就采用资产轻质化战略，将主要精力用于研发设计、价值链建设、营销服务和人才培养等方面，积极培植核心竞争力，即轻资产经营。资产轻质化模式使六和在整体固定资产增长不多的情况下，产销量却急剧增加，全年资金周转率达 20 次以上，充分发挥了财务管理杠杆作用。

六和的新工厂，由合作方全资建立并购买饲料厂所必需的设备。然后六和与合作方重新注册成立新的公司，双方各占一定的股份，再以新成立公司的名义租赁由合作方建立的工厂。这样做一方面避免了公司陷入庞大固定资产的深渊，提升资金流动性；另一方面也避免了合作建厂在资产确认方面可能产生的一些纠纷。

3. 纵向产业链模式

经过在部分地区的前期探索，六和集团积累了丰富的产业化运作经验，加快了饲料、食品、种畜禽、兽药等产业的发展，产业布局日趋完善，协同能力日渐增强。山东新希望六和通过与行业内外优秀企业合作，加快了产业化发展步伐。通过产业化发展，集团具备了从产业链源头保障食品安全的能力，并通过产业链内部的创新、协作，进一步增强了企业在产业链层面的综合竞争实力。

企业的经营有两种模式，一种是自己打造一条产业链，一种是镶嵌在其他产业链上。近年来，“一条龙”模式已成为中国农牧企业最热衷的业务模式，饲料企业、种禽企业、屠宰企业都在整合自己的上下游产业。六和集团通过打造产业链来提升综合服务价值，创新出了对行业有巨大影响的“六和模式”——由制造型企业向服务型企业转型。六和还深入育种、饲养、屠宰、加工等产业链条中，通过给用户提供综合服务来体现自己的价值。

六和从原来单一的饲料生产企业向集饲料生产、兽药制造、良种繁育、畜禽产品加工和进出口产业链构建为一体的大型企业集团发展。

2005 年，原山东六和集团与新希望集团进行强强联合、全面合作，并提出打造世界级农牧企业的宏伟目标。在 2010 年公布的中国 500 强企业中，原山东六和集团排名第 165，2010 年营业收入达到 506.86 亿元，在青岛排名第三。

2011 年，新希望集团通过旗下上市板块新希望（股票代码：000876）完成对原山东六和集团的并购。2019 年，新希望六和的营业收入为 820.51 亿元；2021 年，新希望六和的营业收入为 1262 亿元。

1.2　持之以恒和不断复盘

笔者始终持有“身体健康是第一生命，人的信用是第二生命”的观点。

持之以恒地运动，是对自律、耐力的另外一种考验。因而笔者重视健身，有时间就会积极参加挑战赛。健身和挑战赛看起来与事业关系不大，但是这不仅考验人的体质和耐力，还考验人在计划、沟通、执行等各方面的能力。例如，笔者曾参加“中国企业 24 小时精英”挑战赛（如图 1-3 所示），每支队伍有 6 名队员，在 24 小时内，在 3 千米的指定赛道上完成接力赛。

笔者在实战中总结其背后的业务逻辑，再通过学习找到其背后的依据，然后再快速指导实践。学习是多方面的，包括向书本学习、向同事学习、向合作伙伴学习、向经验学习，这些学习通常是碎片化的。笔者喜欢结合实际情况总结思考、归纳提炼，主动为公司的发展出谋划策。

例如，《思想远见未来》是笔者在 2013 年向上级领导汇报未来加强上游养殖端的建议文件。事实证明，在后来几年的时间内，集团总部深度布局了上游养殖端。以下是《思想远见未来》文件的具体内容。

图 1-3 “中国企业 24 小时精英”挑战赛（右一为笔者）

思想远见未来

目前制造业经营困难，有大量的制造业企业在寻找出路。在未来，食品安全问题会得到解决，未来是更注重个性消费和营养均衡的时代。互联网将成为这个进程的推动工具。

当下，我们需要解决的问题有：如何生产出健康的食品，如何取得消费者的信任。我将从产品、消费者、养殖者、销售模式、资源支撑及革新实现后，我们将获得的收益方面，重新审视和理解我们的产品。

产业链模式确保肉食品质，吸收更多的外部资源和整合内部资源，能够赋予肉食内涵。

如今，消费者对价格不敏感，更注重品质和服务。目前的资源配置难以为消费者提供令他们放心的食品。小型养殖户的风险承受能力弱，相较于提供健康肉食，他们更关心自己的收入。何况，在饲料厂和养殖户中间还存在许多中间环节，这又增加了许多不确定性因素。

要想为消费者提供高品质的食品，我们就要改变养殖小区，寻找新的合作者。

时代为我们造就了大量的合作伙伴。制造业危机已持续多年，许多企业家在艰难地支撑着。假若我们能够让其生存和成长，对他们来说，我们岂不是非常好的合作伙伴？这样大型养殖场的资金来源就能得到解决，跟着我们一起拼搏的养殖户就可以转变为大型养殖小区的员工。

一个饲料厂仅为几个大型养殖场提供饲料，几个大型养殖场为一个屠宰场提供货源。饲料厂就可以逐步实现机械化，这样一来成本将大幅度降低，产业链内部不再有销售费用，中间商返还也会消失。人力资源将被重新配置，服务于产业链模式的人员将会增加。

只有我们得到了消费者的完全认可，才能吸引制造业资金进入我们的养殖领域，并服从我们的资源调配。

我们可以从以下两个方面入手，让消费者对我们产生信任：

（1）区域化工厂设计理念。按照区域来设计产业链上的各个工厂，让消费者能够目睹健康食品的生产过程。

（2）以能否出口作为检验食品是否合格的标准。我们可以随机抽取任何一个产业链上的食品，将其生产过程公开，并检验其是否达到出口标准，以此来检验食品的质量，让消费者放心。

我们的产品，不仅限于肉食等实物产品，还有我们的模式、理念等精神层面的东西，而后者是我们的卖点和无形资产。

要想成功地进行转型，那就需要有足够的人力资源来支撑。企业要培养对产业链理解深刻，并善于谈判和整合资源的人员，并寻找更多的合作者来建设养殖小区。此外，我们还要使企业内部流程标准化，确保内部体系稳定。

若能够实现转型，我们获得的不仅仅是利润，还能赢得消费者对我们的信任和强大的资金流。

有了消费者的信任，即使我们要开展新的业务，也会非常容易。而强大的流动资金可以为其他的资源整合提供支持。

当我们成为高端消费人群的食品提供者后，我们就可以整合原料供应商资源。而具体是进行产业联盟合作，还是直接控制，这将是下一步要思考的问题了。

思想远见未来，用未来的角度来判断目前变革方向是否正确。

第 2 章

基层逻辑：非对称竞争优势是改变平衡的力量

非对称竞争优势是指由于战略层级的差异化导致的竞争层级的不对称。这既包括由于技术层面的差异导致的化学层面的变化，也包括由于战略结构布局层面的差异导致的物理层面的变化。这两个层面均可以用时间和空间的维度去衡量，企业用未来的时间维度或不均衡区域经济发展思路去布局现在的业务，会导致非对称竞争优势产生。

2.1 新四大红利改变旧四大红利平衡

当今市场环境错综复杂、瞬息万变，机会和机遇转瞬即逝。许多企业对环境不敏感，内部又缺乏主动变化的元素，导致顶层设计无法满足企业发展的需要，只能被动应对，例如曾经在各自行业称霸的柯达和摩托罗拉因没有积极应对市场环境变化而破产或被收购。

受市场环境变化的影响，很多企业虽然苦心经营，但抵御风险的能力很弱，资金流很脆弱，甚至是捉襟见肘。市场“打个喷嚏”，企业就“感冒”了。下面详细讲述中国经济快速发展经历的旧四大红利阶段，以便企业能够对自己所处的经济环境有更为清晰的认知。

第一个旧红利，改革开放红利。改革开放红利的持续释放使许多企业都走上了高速发展的快车道。例如对中国电信业的改革，腾讯抓住了软件的机会，华为抓住了硬件的机会，成就了两家大型公司。但是随着经济发展进入攻坚区和深水区，改革开放红利对企业的影响就不再明显。

第二个旧红利，人口红利。中国人口众多，制造业发达，国内劳动密集型企业迅猛发展，中国成为“世界工厂”。但是随着高新技术的普及和第三产业的迅猛发展，低成本劳动力的优势逐渐减弱。2012年是我国人口红利消失的拐点，人口红利时期已经过去。

第三个旧红利，资源红利。环境红利时期已经过去，以牺牲生态环境为代价换取经济一时发展的时代一去不复返。过去那种野蛮开发资源和低成本获取资源的时代已经过去，众多企业已经走上生态文明建设和绿色可持续发展的道路。

第四个旧红利，产业链红利。中国拥有全球最多、最全面和最完整的产业链资源，拥有全球最多、最全面的材料资源，已经成为全球最令人瞩目的拥有全产业链的国家。中国拥有上下游较为完备的产业链和产业集群优势，但是产业链已经趋于成熟，尤其是在目前逆全球化的发展趋势影响下，此红利目前的效果不明显。

虽然企业面临的大环境已经发生了巨大的变化，但是企业要善于寻找新机遇，迎接新挑战，要辩证认识和把握市场环境变化趋势，统筹战略全局和变局，深刻认识错综复杂的经济生态环境变化带来的新矛盾和新挑战，增强机遇意识。为了帮助众多企业科学应变、主动求变、转危为机，笔者提出了“新四大红利”模型，帮助企业进入新四大红利阶段。

第一个新红利，第四次工业革命红利。这将带来多方面发展机遇和投资机会，企业面对的是海量的蓝海市场。

我们正处在第四次工业革命的初期阶段，谁能够预测和感知未来，谁就能在行业内独领一隅，我们已经站在了千载难逢的科技大进步时代的风口上。每次工业革命都给社会带来巨大进步，也成就了许多伟大的企业。第一次工业革命成就了蒸汽机行业；第二次工业革命成就了电力行业；第三次工业革命成就了计算机及信息技术行业；第四次工业革命是智能化时代，以互联网、大数据、人工智能、3D 打印、区块链等技术为核心，如表 2-1 所示。

表 2-1 四次工业革命的标志性技术

项目	标志性技术
第一次工业革命	蒸汽机技术
第二次工业革命	电力技术
第三次工业革命	计算机及信息技术
第四次工业革命	互联网、大数据、人工智能、3D 打印、区块链等技术

如今，受新冠疫情影响，企业的商业模式和消费者的消费习惯发生了改变。随着 5G 等技术的快速发展，未来，将实现人与物的互联、物与物的互联。一个生机勃勃的时代正在到来。

数字化是当今时代相当热门的一个话题，尤其是受新冠疫情影响，它的作用更加凸显。新冠疫情出现之前，笔者几乎每周都出差，新冠疫情防控期间虽然不出差了，但是工作也没有被耽误，笔者可以通过各种各样的视频会议软件和同事们进行沟通。

以前笔者感觉数字化距离自己挺远的，随着外在环境的突然变化，笔者发现自己已经身处于一个数字化时代中。数字化已经改变了我们的工作方式和生活方式，笔者认为有六个未来趋势与数字化有关系。

第一个未来趋势，数字时代原住民新消费需求不断涌现。

在未来，产品的价值是企业和消费者共同创造的，消费需求驱动生产制造，产品迭代速度加快。在移动互联网时代成长起来的消费者，消费理念和场景发生改变，他们偏好于智能化产品，对消费差异化和场景化有诉求。

因而，产品的价值内容会发生改变，不仅包含硬件功能，还有软件功能。软件功能还需要不断地更新、持续跟踪服务，使产品成为服务的一个载体。

年轻人的消费喜好倾向于泛娱乐行业，例如美食和旅游行业等。但是由于人们生活节奏不断加快，时间也逐渐碎片化，企业就要思考如何通过碎片化的时间设计一些产品和服务满足年轻人获取资讯和开展社交的需求。

通过对出生于 1990—1994 年之间且月收入大于 2 万元的群体进行画像、行为、生活 3 个方面的调查，我们能够深入洞察这部分 90 后高收入人群的特点。作为进入职场时间不长但拥有高薪的人群，他们或有过人之处，或有自身的追求，年轻且具有高消费能力的他们正在成为大家关注的焦点。

90 后高收入人群中，男性占比超 7 成。婚姻情况方面，超 9 成的他们已步入婚姻生活。知识财富是基础，有房有车是巅峰，90 后高收入人群中，本科及以上学历占比超 8 成，有房、有车的占比分别是 86. 1%和 57. 7%，显著高于市场平均水平。

90 后高收入人群多为新能源车一族及出差一族。他们在一定程度上刺激了新能源汽车消费市场，在汽车服务类软件中，他们对特斯拉的应用偏好明显，多为特斯拉车主。此外，他们对于海淘、理财、装修等的偏好也比较明显。

90 后高收入人群大多从事金融、互联网、房地产、媒体等行业，这在一定程度上反映出目前高薪行业的现状。他们在都市打拼，机遇与挑战并存。一线、新一线城市作为国家经济发展的排头兵，为

90 后群体提供了诸多机遇，90 后高收入人群多分布于这些城市。

对 90 后高收入人群来说，一些小众的体育运动更受他们欢迎，如滑雪。而在保证自己身体健康的同时，他们也更喜欢和好友共同进步。

90 后高收入群体工作、副业两不误，超 4 成 90 后高收入人群都开展了副业，在副业的选择上，男性更倾向于互联网自媒体类，而女性则喜欢生活服务与家居美学类。

另外，随着我国人口老龄化现象逐渐加剧，也衍生出了一些以老年人为目标群体的产业。老年人真正的需求是养老和健康，所以很多“聪明”的企业就开始推出“大健康”“社区养老”“高端医疗服务”“养老+小镇+医疗”等新兴的产品。

面对新消费群体的崛起，企业进行顶层设计时要具有和顾客共生的思维理念。企业的财富是由企业和顾客共同创造的，没有顾客，企业不能单独创造价值。

顶层设计还需要具有拥抱数字经济的思维理念，这也是大势所趋。

综观市场，很多传统企业正在进行数字化转型。数字经济是一个大趋势，拥有雄厚实力的互联网企业也在加快对各产业的布局。在今后一段时间里，大量的企业会加快转型速度，更加注重顶层设计升级。

京东启动了“新动力”计划，为中小微企业进行数字化转型提供服务。京东平台提供的免费或具有较大优惠的开放型的产品、服务或资源，使得京东的客户群不仅有所增多，而且增加的都是蒸蒸日上的转型发展企业。中小微企业也借助京东提供的平台推动自身发展，和京东实现双赢。

腾讯也启动了“数字方舟”计划，向中小微企业提供开放普惠化的转型产品和服务，支持中小微企业数字化转型。他们的目的都是一样的，就是搭上数字化转型的快车，做好顶层设计，打造转型升级的快车道。

集团公司要区别于中小微企业，如果无法打造自己的平台，那么只能使用别的企业的平台，这非常不利于集团公司的长期发展。例如在中国的白色家电领域，互联网企业利用平台资源整合传统家电制造业。如小米空调找长虹来代工，长虹凭借其空调和生产制造方面的雄厚技术积累为小米代工，小米利用自己的平台优势，在传统白色家电领域占据了一席之地，它的优势就是智能化。

再如在银行领域，互联网金融也在快速整合传统银行企业。我们可以看到这样的例子越来越多，平台和数字化对企业发展甚至行业再造都非常重要。

第二个未来趋势，数字技术引爆数字化转型。

云计算、大数据、移动互联网、物联网、VR、AR、MR 等技术的出现，使得智能化时代到来。科技革命给我们带来的变化，远远多于工业革命。例如波士顿动力公司机器人 Atlas 的进化就体现了科技革命的发展历程。它在 2013 年问世时需要借助辅助设备才能勉强走路，经过 6 年的进化，它在速度、敏捷性等方面都远远超过人类。如果再经过 6 年进化，它会是什么样？企业组织和价值创造会发生什么变化？这些问题值得大家思考。

第三个未来趋势，以数字化驱动的全球化时代到来。

未来的世界是一个万物互联的世界，数字化会重新定义和赋能全球化的内涵，以数字化驱动的全球化时代已经到来。以前是工业生产驱动下的货物、人员和资金的流动，而未来则是数据驱动下的信息、服务和价值的流动。未来我们每个人都会成为全球化生产和消费的驱动力。

第四个未来趋势，工业经济向数字经济迭代。

工业经济驱动的GDP增长速度已经持续放缓，对经济的拉动作用逐渐减弱。在工业经济向数字经济转型的大背景下，企业的增长方式、经营模式和管理模式也将发生系列性调整，诞生适应数字经济发展趋势的全新模式。

第五个未来趋势，数字化从改变消费互联网向工业互联网推进。

很多人认为数字革命是危言耸听，觉得数字技术、互联网技术只是简单的工具。笔者认为，数字化会改变所有的行业，在未来每个企业都需要完成数字化转型。从数字化的发展历程来看，信息化科技公司是最原生的数字化企业，它们往往具有丰厚的数字化、数据、算法基础，因而较其他传统企业转型起来更为容易一些。

继互联网之后，数字化在传媒、金融和零售等行业爆发。这些行业受数字化的影响很深，例如线上零售模式改变了传统的线下超市零售模式，现在是线上和线下相结合的模式。

第六个未来趋势，数字化重新定义组织架构，从过去注重规模和市场范围转变为注重平台的增长和生态的形式。

数据是企业的核心资产之一，为企业基础应用和基础架构的创建提供支持。商业生态需要借助数据才能建立，它将重新定义生产制造、零售、技术等。在未来，企业将会有三个类别：只负责搭建生态系统的企业；依附在别人的生态系统上生存的企业；拥有自己完整的生态系统的企业。大型集团公司要么自己建立生态系统，要么加入别人的生态体系，最好的选择是自己搭建生态系统。

第二个新红利，政策红利。相关政策把 5G、人工智能、工业互联网、物联网等相关的基础设施定义为新基建。新基建、新城镇化建设和重大工程经济增长的新引擎已经出现，这是未来新经济、新技术、新产业的基础设施支撑。

政策大力推动第四次科技革命落地，落地的有力抓手就是新基建，这既是发展速度的较量，也是发展质量和潜能的较量。大量的支持政策，就是我们要抓住的红利。

在新形势下，无论在行业政策方面，还是在财政政策及金融政策方面，企业都将获得支持。

第三个红利，现金流红利。综观全球金融市场，中国金融市场还有很大的发展空间。

第四个红利，盈利维度红利。企业生存和发展的最终目标就是盈利，利益最大化就是企业家追求的主要目标之一。大部分企业主要关注竞争激烈程度和参与人员获利回报两个维度，因此笔者提出了“企业竞争维度”模型，如图 2-1 所示。这个模型可以帮助企业破局脱困，从低维度的低效竞争进入高维度的高效竞争，进而避开红海竞争。

新四大红利和旧四大红利相对比，相当于蓝海市场和红海市场

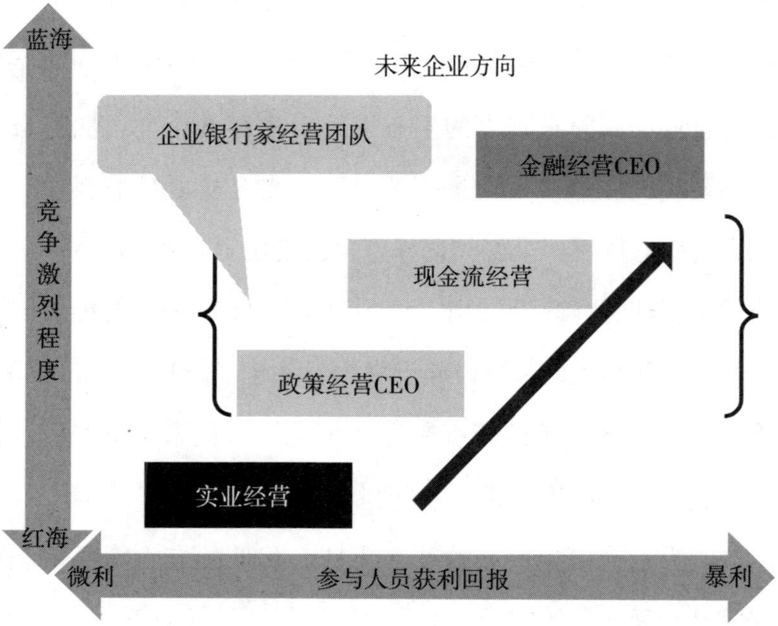

图 2-1 “企业竞争维度”模型

的对比。我们已经站在了风口上，在未来的一段时间里，将出现大批优秀的企业。如果企业没有把握住机会因势而变，那么企业就面临在竞争中被淘汰的风险。

2.2 经营维度改变行业周期的平衡

1. 低维度经营行业周期：暴利期、微利期和无利润期

我们要重新分析和审视市场环境的变化，这样才能更好地了解企业抗风险能力弱的深层次原因。国内市场已经从初期的产品短缺

阶段，发展到产品饱和过渡阶段，再到如今的产品过剩阶段。工业化大生产使部分行业已经进入了微利期或无利润期。

任何企业的发展都会经历暴利期、微利期和无利润期。当企业处在暴利期，赚钱相对容易一些；当企业处于微利期，赚钱就是一门技术活；当企业进入无利润期，企业就需要采取一些手段突破发展瓶颈，提升企业的竞争力，抵抗发展过程中的风险和考验。而经得住考验、最后留下来的往往是大公司、大品牌。

在暴利期，企业账面的利润可以转换为现金，这时利润就是钱。如今，产能过剩、资源稀缺，企业就要摒弃这种思想，转向现金才是钱的理念。例如我们去买车，我们付款时支付的是现金而不是利润。从这个角度出发，我们就可以更好地理解“利润不是钱，现金才是钱”这一理念。

大家一定要有一个认知：企业有利润未必有现金流，也存在有利润没有现金流的情况。因为企业的利润有多种转化方式，可能转化为存货，也有可能转化为应收账款，或者可能转化为机器设备，所以我们要将利润和现金流区分清楚。企业没有利润就没有发展可能，企业没有现金流就如同人体没有血液，就无法生存。

一般而言，一个品类完整的生命周期是诞生期、高速发展期、成熟期、衰落期。在生命周期的不同阶段，品类的市场发展趋势与竞争情况完全不同，所面临的创新战略机会也不同。其中，老品类的衰落往往伴随着分化后的新品类的诞生和崛起，形成新老品类的生命周期更替。例如新品类数码相机诞生后，逐步侵蚀老品类胶卷相机的市场份额，导致胶卷相机逐渐从主流市场中消失。因此，笔者在下述内容中将老品类衰落期和新品类诞生期合并在一个阶段阐述，如表 2-2 所示。

表 2-2　一个品类的生命周期

品类生命周期	品类发展速度	新品类市场规模	新品类竞争情况
老品类衰落期/新品类诞生期	老品类衰落期：老品类发展速度低于整体经济发展速度，或者规模已经慢慢萎缩 新品类诞生期：新品类发展速度非常快	规模较小	竞争者较少，市场竞争还相对比较弱
新品类高速发展期	新品类发展速度相比于其诞生期有所降低，但是仍然高于整体经济发展速度	规模快速扩大	竞争者数量不断增加，竞争加剧
新品类成熟期	新品类发展速度基本与整体经济发展速度一致	规模较大，基本达到顶峰或低速扩容	一般情况下，大企业垄断市场，小企业基本被淘汰；部分特殊行业市场集中度仍不高，如餐饮

在不同的生命周期，品类要抓住不同的创新战略机会，如表 2-3 所示。

表 2-3 不同生命周期的品类创新战略机会

老品类衰退期/新品类诞生期	新品类发展期	新品类成熟期
抢先定义新品类	推动新品类分化	聚焦创新品类

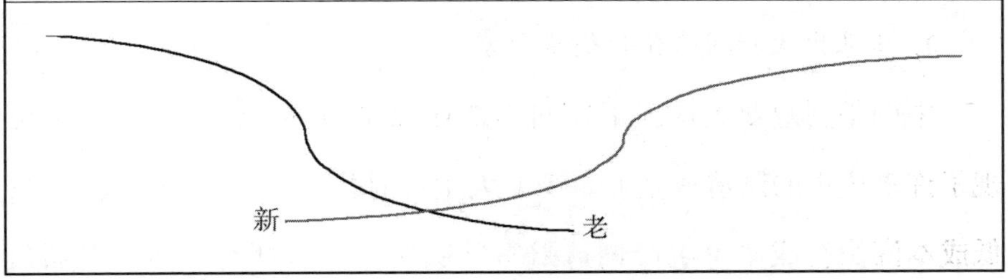

2. 高维度经营行业周期：价值链重构后，形成生态基石，资源向两端聚集

企业需要基于产业战略选择、业务结构调整及资产重组等方面对产业链进行重构，然后再进行组织结构优化和人力资源管理调整，最后再致力于提升管理效率。经营模式和客户流量是企业重要的资产，价值链重构的过程也是资源向关键业务聚焦的过程。

2.3 不同时代及低维度经营的价值衡量要素

俗话说，“商场如战场”。商业竞争是企业综合实力的较量，很多人认为竞争是“二维”的。从时间轴来看，企业的竞争优势是有时效的，即在一定的历史时期和环境下才具有效力；从横向上看，企业的竞争优势是相对而言的，也就是我们常说的对标，包括和不同时期的自身对标，或者和同时期的竞争对手对标。这是我们大家经常思考的二维竞争。

但是同一个竞争优势一旦进入不同的维度竞争，未必还是优势。因此，我们要从“三维”甚至“多维”的角度看问题。

1. 工业大生产时代价值衡量要素

中国是制造业大国，正在向制造业强国迈进，在这个过程中出现了许多优秀的制造业企业。工业大生产时代，高效率淘汰低效率，低成本淘汰高成本。生产创造财富并决定消费，拥有厂房、机器设备、熟练的操作工人等生产要素的企业更有实力。具体来说，工业大生产时代的价值衡量要素有以下几个。

（1）传统制造业以技术和精细化管理决定实力，但是容易忽视移动互联网时代的客流量入口。

例如以苏宁和国美为代表的家电渠道商，在电子商务时代，通过网上商城等平台获得庞大的客流量，在产业链中拥有绝对的话语权，对白色家电行业进行了整合并形成了自己的生态系统。而那些管理良好、技术精湛的生产工厂，在客户资源层面远远不能与之匹敌，在销售环节也无法与之竞争，最后成为家电渠道商产业链上的“生产车间”角色。

但是，也有例外，例如格力电器就在是这种背景下，扭转了被动的局面，在全国布局格力专卖店与这些在市场中占据优势的家电渠道商抗衡。

再如在互联网销售崛起时代，小米成功地从一个手机品牌华丽变身为智能家电领跑者。小米以庞大的“米粉”用户群作为客户流基础，为“米粉”们插上智能化的翅膀，也因此建立了自己的智能家电生态链。而这个链条上曾经的电视产业的“老大”，也只能凭借其空调和生产制造方面的雄厚技术成为小米的代工，最终成为这个生态链上的“生产车间”。

由以上内容我们可以看出，技术和产品的优势在互联网时代略显“单薄”。这不是意味着这些不重要，而是企业应该给这些竞争优势上加持互联网时代互联互通的新特性。

（2）以资产规模、销售收入和利润衡量企业的实力，忽视衡量企业的综合实力。

大多 500 强企业的收入和企业规模是成正比的，但是也存在规模庞大、经营效率低下、“外强中干”的 500 强企业。此时讨论的 500 强其实应该说是“500 大”，而且 500 强企业排名将不同类型的企业放在一起比较，可比性值得考量。笔者认为仅依靠收入和利润指标考量一个企业的价值和实力，显然是有失偏颇的。综合评估一个企业应从利润水平、商业模式、行业地位、发展空间等诸多方面入手，对企业的现在运作和未来发展情况进行综合评价。

事实上，收入和利润只是表面指标，而综合实力才是影响企业规模扩大的真正因素。

财富 Plus App 发布的 2022 年《财富》中国 500 强排行榜，考量了全球范围内最大的中国上市企业过去一年的业绩和成就。

2022 年，500 家上榜的中国上市公司总营业收入达到 62 万亿元，和 2021 年上榜公司相比，增长约为 17.4%；净利润达到了 4.7 万亿元，较 2021 年增长约为 9.2%。和 2021 年的榜单相比，2022 年上榜公司营收和净利润均有较大提升。

2022 年上榜公司的年营收门槛接近 228 亿元，相比 2021 年近 174 亿元的门槛提升 31%。2021 年中国 GDP 突破 110 万亿元，2022 年榜上 500 家上市公司的收入总和达 62 万亿元，超过了中国当年 GDP 的一半。

2022 年共有 49 家新上榜和重新上榜公司，其中滴滴首次上榜，并以 1738 亿元的总收入排名第 75 位。科兴生物凭借 1250 亿元的营收，首次上榜并位居第 109 位。新能源汽车领域，蔚来汽车和理想汽车双双首次上榜，分别位列第 344 位和第 427 位。

在盈利能力方面，最赚钱的 10 家上榜公司 2021 年的总利润约为 1.85 万亿元，约占上榜公司利润总和的 39%，比往年略有下降。在净利润率方面，排名最靠前的是中国生物制药，净利润率高达 54%；位居净利润率榜第二位的是贵州茅台酒股份有限公司，净利润率约为 48%。

2022 年，《财富》中国 500 强企业中共计有 49 家上市公司未能盈利，亏损总额约为 4363 亿元。以各家公司财报显示的亏损数字为统计依据，居亏损榜首位的是快手，亏损额超过 780 亿元；滴滴亏损 493 亿元，位列亏损榜第二位；苏宁易购亏损 432 亿元，位列亏损榜第三位；陷入债务困境的华夏幸福基业股份有限公司，位列亏损榜第四位。

在所有上榜公司中，位居净资产收益率（ROE）榜榜首的是科兴生物，该公司的 ROE 接近 92%。以下为 2022 年《财富》中国 500 强中前 100 强榜单，如表 2-4 所示。

表 2-4　2022 年《财富》中国 500 强中前 100 强榜单

排名	公司名	营收（百万元）
1	中国石油化工股份有限公司	2740884
2	中国石油天然气股份有限公司	2614349
3	中国建筑股份有限公司	1891338.97
4	中国平安保险（集团）股份有限公司	1180444
5	中国中铁股份有限公司	1073271.73
6	中国铁建股份有限公司	1020010.18
7	京东集团股份有限公司	951592
8	中国工商银行股份有限公司	942762
9	中国人寿保险股份有限公司	858505
10	中国移动有限公司	848258
11	阿里巴巴集团控股有限公司	836405
12	中国建设银行股份有限公司	824246
13	上海汽车集团股份有限公司	779845.79
14	中国农业银行股份有限公司	719915
15	厦门建发股份有限公司	707844.50
16	中国交通建设股份有限公司	685639
17	中国银行股份有限公司	605559
18	中国人民保险集团股份有限公司	597691
19	中国中信股份有限公司	588416.88
20	物产中大集团股份有限公司	562537.90
21	腾讯控股有限公司	560118

续表

排名	公司名	营收（百万元）
22	绿地控股集团股份有限公司	544755.84
23	碧桂园控股有限公司	523064
24	国药控股股份有限公司	521051.24
25	中国冶金科工股份有限公司	500571.65
26	联想控股股份有限公司	489871.68
27	厦门国贸集团股份有限公司	464755.64
28	厦门象屿股份有限公司	462516.23
29	万科企业股份有限公司	452797.77
30	中国电力建设股份有限公司	448980.31
31	江西铜业股份有限公司	442767.67
32	中国太平洋保险（集团）股份有限公司	440643
33	中国电信股份有限公司	439552
34	宝山钢铁股份有限公司	365342.22
35	美的集团股份有限公司	343360.83
36	中国神华能源股份有限公司	335216
37	中远海运控股股份有限公司	333693.61
38	招商银行股份有限公司	331253
39	小米集团	328309.15
40	中国联合网络通信股份有限公司	327854.49
41	中国能源建设股份有限公司	322318.57
42	中国邮政储蓄银行股份有限公司	318762

续表

排名	公司名	营收（百万元）
43	保利发展控股集团股份有限公司	285024.10
44	上海建工集团股份有限公司	281055.47
45	中国建材股份有限公司	273683.40
46	中国铝业股份有限公司	269748.23
47	交通银行股份有限公司	269390
48	中国太平保险控股有限公司	262161.82
49	中国海洋石油有限公司	246111
50	中国中煤能源股份有限公司	231127.30
51	海尔智家股份有限公司	227556.14
52	中国中车股份有限公司	225731.76
53	紫金矿业集团股份有限公司	225102.49
54	龙湖集团控股有限公司	223375.48
55	新华人寿保险股份有限公司	222380
56	兴业银行股份有限公司	221236
57	京东方科技集团股份有限公司	219309.80
58	比亚迪股份有限公司	216142.40
59	上海医药集团股份有限公司	215824.26
60	华润置地有限公司	212108.36
61	顺丰控股股份有限公司	207186.65
62	华能国际电力股份有限公司	204605.08
63	潍柴动力股份有限公司	203547.70

续表

排名	公司名	营收（百万元）
64	恒力石化股份有限公司	197996. 55
65	华润医药集团有限公司	196549. 12
66	上海浦东发展银行股份有限公司	190982
67	珠海格力电器股份有限公司	189654. 03
68	美团	179128
69	浙商中拓集团股份有限公司	178270. 16
70	荣盛石化股份有限公司	177024. 28
71	万洲国际有限公司	176080. 79
72	北京汽车股份有限公司	175915. 69
73	中升集团控股有限公司	175103. 06
74	洛阳栾川钼业集团股份有限公司	173862. 59
75	滴滴全球有限公司	173827. 38
76	海航科技股份有限公司	171661. 72
77	湖南华菱钢铁股份有限公司	171575. 07
78	新城发展控股有限公司	169537. 32
79	中国民生银行股份有限公司	168804
80	苏美达股份有限公司	168682
81	国电电力发展股份有限公司	168185. 48
82	安徽海螺水泥股份有限公司	167952. 66
83	中国再保险（集团）股份有限公司	163973. 62
84	中国国际海运集装箱（集团）股份有限公司	163695. 98

续表

排名	公司名	营收（百万元）
85	TCL 科技集团股份有限公司	163690. 64
86	复星国际有限公司	161291. 15
87	招商局蛇口工业区控股股份有限公司	160643. 41
88	陕西建工集团股份有限公司	159477. 90
89	广汇汽车服务集团股份公司	158436. 69
90	立讯精密工业股份有限公司	153946. 10
91	中国光大银行股份有限公司	152751
92	陕西煤业股份有限公司	152266. 42
93	兖矿能源集团股份有限公司	151990. 80
94	河钢股份有限公司	149626. 21
95	万华化学集团股份有限公司	145537. 82
96	苏宁易购集团股份有限公司	138904. 34
97	昆仑能源有限公司	138547
98	中国化学工程股份有限公司	137918. 59
99	鞍钢股份有限公司	136674
100	长城汽车股份有限公司	136404. 66
合计		41366045. 52

（3）通过资本运作，以“短快平”的方式在金融市场获利，而忽视金融经营和实业经营融合运行。在经营层面和金融层面实现并列运行，企业最终无法驾驭，甚至触犯法律。

随着金融业的发展，很多企业都想进入金融市场。但是如果缺乏对公司所处行业长远的规划和理解，无法进行市值管理，只是为了快速发展而采用不科学、不合理的方法，甚至操纵股价，企业终将陷入发展危机。

在新冠疫情的冲击下，国内两家颇具规模的企业：方正集团和海航集团，因债务危机而走向重组。两家企业都很有代表性，一家企业曾是科技创新和校企改革的代表，另一家企业曾是航空服务创新和改革的范例，都曾有过辉煌时期，却因为同样的原因而倒下，其中的教训值得我们深思。

借助资本杠杆推动过度多元化，曾一度支撑了方正和海航的扩张和繁荣，但也是它们最终走向衰亡的关键因素。多元化作为企业经营战略之一，曾被西方发达国家的企业广泛采用。但到了 20 世纪 90 年代，过度多元化给全球跨国公司带来苦果，有的陷入困境，有的走向破产。

方正和海航借助资本力量实现快速多元化只有 20 年时间，过度多元化的弊端就凸显出来了。以激光照排起家的方正集团，曾经和联想等企业一起成为当时中国科技企业的领跑者。自 2002 年开始，方正开始走向多元化发展，逐步从一个高科技公司变成一个全新的金融控股财团。2009 年，方正甚至放弃了其起家的 PC 业务，当时方正电脑年销量达 500 万台，全球排名前十。随后方正先后将 IT、地产、金融证券、商品贸易、医疗医药、职业教育等业务纳入业务版图，收购了苏州钢铁、西南合成、塑钢集团等企业。核心竞争力缺乏的方正，在之后的发展中如无头苍蝇一般，逐渐开始走下坡路。

海航在其极具特色的航空运输业获得成功之后，于 2008 年确立了八大业务板块：航空、旅游业、商业、物流、实业、机场、置业、酒店，从此开启了多元化发展的道路。海航的多元化发展战略是“以多方融资为支撑，以快速并购为主要手段”。2009 年，海航集团旗下公司发展到 200 家；2010 年，发展到 311 家；2011 年 6 月，发展到 700 家。同时海航重并购、轻管理、轻整合，结果导致各业务板块及旗下企业各自为政，各种风险逐渐积累。

海航的资产负债率从 2006 年的 56%上升到 2012 年的 79%，超出 60%——公认的安全界限近 20%。通过金融资源进行兼并收购的快速多元化，在发展的上行周期可以实现资产快速积累，但在经济放缓的背景下，则很容易面临债务危机，常常深陷债务旋涡而不能自拔。

其实，不仅方正和海航，很多企业的所谓多元化都在资本推动下变得十分畸形和粗放，简单来说就是什么赚钱做什么，觉得自己什么都能做。但现实情况十分残酷，如果企业放弃了自身优势和科技研发，依赖金融杠杆大肆扩张，而人才与管理远远跟不上，那么企业是否盈利更多是依靠宏观政策环境，而不是依靠自身的竞争力。

方正和海航的发展过程，更是凸显了多元化发展的弊病。多元化并购的业务并没有有效整合形成合力，反而使企业的业务越来越分散。很多企业在战略上缺乏理性，认为在一个行业或领域的成功，也能够复制到另一个领域，结果很多企业在跨产业和跨区域经营中损失惨重，直至倒下。

从方正和海航的失败中，我们可以看出，依靠债务扩张实现的过度多元化，反而会危害企业的发展，在规模迅速扩张的风光时刻就埋下了迅速衰败的隐患。这类“外强中干”且充满风险的企业还有很多，使得宏观经济的微观支撑变得十分脆弱。

（4）企业在主业态发展遇到了瓶颈，为了突破瓶颈，另辟蹊径进行多元化经营。

很多企业发展到了一定阶段，就会寻找新的机会和增长点。这固然没错，但是多元化经营应该立足长远，并不是产品品类多、涉足行业广就有利于企业的发展。为什么许多企业在实施多元化经营后，反而没有以前发展得好，甚至为了维持所谓的多元，消耗过多甚至原有的优势都丢失了呢？因为不合理、不科学的多元化会导致不同业务之间相互博弈、相互争夺资源，而不是相互协同、相互助力，这就使企业陷入了多元化经营陷阱。

2. 人工智能时代的价值衡量要素

企业对自己的价值进行新的评估和定位，就是对企业的价值形成新的认知，对商业模式进行切合实际的调整，将优势条件整合，实现核心价值再造，从而努力打造企业的生态价值链。在人工智能时代，“消费者工厂”型企业更能创造财富。企业最大的财富是员工的创造力，因此企业要对员工脑海里的无限资源进行挖掘和开发，以员工的智慧和创造力打造企业的核心实力，用“智力能量”生产具有高附加值的产品。商业模式、平台模式、由诸多价值链构成的生态系统等，能给企业带来多方面发展机遇和投资机会，带领企业步入蓝海市场。具有未来竞争力的企业要具备以下价值要素。

（1）要能够挖掘员工的工作激情和潜力，将企业打造成员工的事业平台。

仅依靠 KPI（关键绩效指标）和 OKR（目标与关键成果）挖掘

员工潜力远远不够，企业要运用股权激励等方式来释放员工创造力。员工价值激发离不开发展平台，企业可以尝试调整组织架构，注重打造职业经理人事业平台，让高管人员、核心骨干、专业技术人员这些“关键因素”持股，给创新者真金白银的奖励，充分体现劳动创造价值的理念。

现在许多企业已经打造了自己的员工发展平台，并取得了一定的成效。例如华为的薪酬分配向优秀员工倾斜，万科推出的跟投机制等，都在员工激励方面取得了很好的效果。

企业在打造员工发展平台的同时，也可注重优化企业组织体系，使其具备自我革新、主动转型的能力，开创职业经理人驱动成长、企业组织体系协同发展的良好局面。

（2）企业文化是决定一个企业能走多远的内在力量，企业价值符合社会价值，企业才能行稳致远。

企业是人格化的，组织体系构成了“企业人”的肌肉骨骼，企业文化构成了“企业人”的思想灵魂。“企业人”不仅要有强健的体魄、勇敢的内心，还要具有开阔的思维方式和灵活的头脑，同时具备努力拼搏的精神。企业文化是凝聚力和内生动力，也可以将其理解为企业哲学或企业思想，只有一流的思想才能塑造一流的企业。

从一些大型企业集团并购重组的案例中，我们可以看出，并购重组成功很重要的一个原因是企业文化融合成功，就是企业用自身的文化包容、吸收被并购重组的企业的文化。

很多企业现在都在学华为，那么华为成功背后的商业逻辑到底是什么？任正非曾说：“是一种哲学思想，它根植于广大骨干的心中。”这也说明经营管理的最高境界是企业哲学的管理、运用。

而一个负责任的企业除了守住伦理底线、履行法律责任外，还应该承担社会责任。同时，企业还要注重经济效益与社会效益的统一。一些企业为了自身利益而做出破坏生态环境、欺诈消费者、制造伪劣产品、违规经营等行为，这样的企业缺失社会责任感，往往不能获得长远发展。

（3）能够吸引客户、引流客户，不断提升客户黏性。

无论是销售型企业，还是服务型企业，以客户为尊是企业发展的根本，客户黏性在企业发展中占据重要地位。企业要掌握客户流量入口，并将客户导流至相关业态，使其产生价值，黏性不断提高。在转型升级中，企业要能够让客户参与进来，以更好地了解、满足客户的需求，留存更多客户。

企业要用“1+N”的模式为一个消费群体提供多种服务，即在一个产品种类上裂变 N 个能满足客户需要的产品或服务，为产业价值生态链的打造奠定基础。即使很成功的企业，也要解决客流量入口的瓶颈问题。

在京东和腾讯的战略合作中，腾讯以资金入股京东，成为京东第一大股东，从而实现了腾讯在电子商务领域的战略布局。同时腾讯 QQ、游戏等多种业务形态也打通了京东客户流量入口，实现强强联合。

在流量为王的时代，客户流量入口就是企业的核心竞争力，或者可以说客户流量入口在产业链关键环节具有无法代替的竞争优势。

（4）企业价值链和价值网要素。在具备了以上要素的基础上，企业就掌握了自身的价值点，由点串线，企业就可以构思和打造属于自己的价值链。基于客户和员工的运营体系和组织体系，企业能够形成闭环的价值链。

更高维度的顶层设计就是用整套价值体系发掘价值点。企业要用生态思维理解其背后的逻辑，转变销售模式，促进股权裂变，调整对外投资和融资范畴，以点带面，最终形成属于自己的价值网。

价值网是由很多价值链交织而成的，各个独立的价值链内的资源相互支持便组成了价值网。例如，企业家季琦先后创办了携程、如家、汉庭、华住等公司。季琦先创办了携程旅行网，通过携程看到酒店需求市场之后又创办了如家经济型连锁酒店，客户可以在携程网上预订如家酒店。这样看来，携程旅行网既有自己独立的价值链，同时又成为如家快捷酒店的客流量入口。

在如家酒店形成了一套连锁酒店经营管理模式后，季琦又创办了具有差异化特点的汉庭，并向汉庭输出管理体系。季琦通过经营携程旅行网向汉庭输出客流量，在汉庭发展起来的基础上进行模式复制，针对不同的客户调整管理模式，不断复制、总结经验。在拥有几大连锁酒店的基础上，季琦最终成立了旗下拥有诸多连锁酒店品牌的华住集团，这就形成了一张价值网。

（5）制造业经营价值网和盈利经营价值网系统，构成企业生态体系。

这是从两个不同的维度来看，横向维度属于产品的维度，纵向维度属于盈利的维度。而价值网就是帮助企业打通产品经营维度，让企业成为更有前景、价值的公司。

（6）拥有具备生态体系和多元化治理架构设计能力的专业人员。

里斯战略定位咨询发布的2016—2020年中国持续增长冠军企业TOP100名单，如表2-5所示。

表2-5　中国持续增长冠军企业TOP100名单

编号	企业名称	成立时间（年）	所属行业	营收规模（单位：人民币，亿元）
1	美团	2010	互联网	>100
2	阿里巴巴	1999	互联网	>100
3	小米集团	2010	家电 3C	>100
4	传音控股	2013	家电 3C	>100
5	腾讯控股	2004	互联网	>100
6	京东集团	1998	互联网	>100
7	豫园股份	1987	快消	>100
8	顺丰控股	1993	服务业	>100
9	安踏体育	1991	服装	>100
10	恒瑞医药	1970	医药	>100
11	贵州茅台	1951	快消	>100
12	五粮液	1959	快消	>100
13	嘉事堂	1997	医药	>100
14	长虹佳华	2008	服务业	>100
15	牧原股份	2000	农业	10~100
16	腾讯音乐	2012	互联网	10~100

续表

编号	企业名称	成立时间（年）	所属行业	营收规模（单位：人民币，亿元）
17	九号公司	2014	制造业	10～100
18	稳健医疗	2000	医药	10～100
19	中国飞鹤	1962	快消	10～100
20	颐海国际	2005	快消	10～100
21	龙大美食	1996	农业	10～100
22	ZEPP HEALTH	2014	家电 3C	10～100
23	JS 环球生活	2017	家电 3C	10～100
24	梦百合	2003	家具家居	10～100
25	安克创新	2011	家电 3C	10～100
26	海底捞	2009	服务业	10～100
27	益丰药房	2008	医药	10～100
28	阅文集团	2002	互联网	10～100
29	赢家时尚	1994	服装	10～100
30	雷蛇	2005	家电 3C	10～100
31	山西汾酒	1985	快消	10～100
32	澳优	2003	快消	10～100
33	雅迪控股	2001	制造业	10～100
34	爱尔眼科	2003	医药	10～100
35	安正时尚	2008	服装	10～100
36	中粮家佳康	2016	快消	10～100

续表

编号	企业名称	成立时间（年）	所属行业	营收规模（单位：人民币，亿元）
37	片仔癀	1956	医药	10～100
38	晨光文具	1999	快消	10～100
39	兆驰股份	2005	家电 3C	10～100
40	顾家家居	1982	家具家居	10～100
41	汤臣倍健	1995	医药	10～100
42	金健米业	1998	快消	10～100
43	中通快递	2002	服务业	10～100
44	喜临门	1984	家具家居	10～100
45	志邦家居	1998	家具家居	10～100
46	金牌厨柜	1999	家具家居	10～100
47	漱玉平民	2021	医药	10～100
48	九毛九	1995	服务业	10～100
49	大参林	1999	医药	10～100
50	以岭药业	1992	医药	10～100
51	老百姓	2001	医药	10～100
52	华致酒行	2005	服务业	10～100
53	华统股份	2001	快消	10～100
54	网龙	1999	互联网	10～100
55	健之佳	1998	医药	10～100
56	敏华控股	1992	制造业	10～100

续表

编号	企业名称	成立时间（年）	所属行业	营收规模（单位：人民币，亿元）
57	拼多多	2015	互联网	1～10
58	阿里健康	2014	医药	1～10
59	哔哩哔哩	2013	互联网	1～10
60	云米科技	2014	家电 3C	1～10
61	香港科技探索	1992	服务业	1～10
62	平安好医生	2014	互联网	1～10
63	赤子城科技	2009	互联网	1～10
64	南极电商	1999	服装	1～10
65	小牛电动	2014	制造业	1～10
66	妙可蓝多	1988	快消	1～10
67	江山欧派	2006	家具家居	1～10
68	友谊时光	2010	互联网	1～10
69	中手游	2011	互联网	1～10
70	华熙生物	2000	医药	1～10
71	同道猎聘	2011	互联网	1～10
72	盐津铺子	2005	快消	1～10
73	中宠股份	1998	快消	1～10
74	希玛眼科	2012	医药	1～10
75	酒鬼酒	1956	快消	1～10
76	恒辉安防	2004	快消	1～10

续表

编号	企业名称	成立时间（年）	所属行业	营收规模（单位：人民币，亿元）
77	九典制药	2001	医药	1~10
78	中国科培	2000	服务业	1~10
79	康宁医院	1919	医药	1~10
80	佩蒂股份	2002	快消	1~10
81	天味食品	2007	快消	1~10
82	李子园	1995	快消	1~10
83	方盛制药	2006	医药	1~10
84	通策医疗	2007	医药	1~10
85	皮阿诺	2005	家具家居	1~10
86	诚意药业	1996	医药	1~10
87	我乐家居	2005	家具家居	1~10
88	比音勒芬	2003	服装	1~10
89	劲仔食品	2010	快消	1~10
90	千禾味业	1996	快消	1~10
91	中智药业	1993	医药	1~10
92	盘龙药业	1997	医药	1~10
93	医思健康	2005	医药	1~10
94	味知香	2008	快消	1~10
95	老虎证券	2018	金融	0~1
96	德视佳	2013	医药	0~1

续表

编号	企业名称	成立时间（年）	所属行业	营收规模（单位：人民币，亿元）
97	家乡互动	2015	互联网	0~1
98	火岩控股	2014	互联网	0~1
99	恒智控股	2003	服务业	0~1
100	清晰医疗	2005	医药	0~1

从以上企业所处的行业来看，医药、快消和互联网行业诞生了最多的持续增长冠军企业。一方面，这些行业确实是上市 C 端企业中较为主流的行业板块；另一方面，这也说明了在过去 5 年中，相较于其他行业，医药、快消和互联网赛道发生了更加明显的变化，从而催生出了更多更新的需求，给予了企业更多的增长机会。但这并不意味着我们观念中的传统行业就无法获得增长机会。中国持续增长冠军企业 TOP100 行业分布，如表 2-6 所示。

表 2-6　中国持续增长冠军企业 TOP100 行业分布

所属行业	数量
医药	25
快消	22
互联网	16
服务业	9
家电 3C	8
家具家居	8

续表

所属行业	数量
服装	5
制造业	4
农业	2
金融	1

中国的很多企业或将在2025年迎来下一个品类创新集中爆发期。

从成立时间来看，中国持续增长冠军TOP100企业过半数成立于2000年之后，其中有37家企业成立于2000—2009年。而这100家企业的平均成立时间约为22年。

2003—2005年共诞生了13个持续增长冠军企业所仰赖的新品类。这一时期所诞生的新品类主要由两个外部因素驱动：一个是以淘宝、京东为代表的第一代互联网大潮；另一个则是以梦百合、皮阿诺等为代表的具有独特差异化定位的大众消费品牌。中国的消费品牌在经历了20世纪80年代的创建、90年代的激烈竞争洗牌后，逐步向多元、创新的方向分化。这些品牌的诞生也迎合了当时部分消费者的需求趋势。

在2014—2015年的两年时间里共诞生了多达16个新品类。这一时期的新品类同样由两个重要的外部因素驱动：第一个是以拼多多、全民K歌为代表的第二代移动互联网大潮，它们通过新的互联网终端——智能手机的普及，占据了新的机会。第二个则是创新、高端技术在家电3C、快消品上的快速应用普及，如小米系、小牛、润百颜等。它们通过新技术的应用，迎合了更年轻群体的消费趋势，解决了老品类的痛点，最终颠覆了原有的品类竞争格局。

这两个品类创新高峰期间隔 10 年左右，所诞生的新品类也有很大的区别。但两者具有一定的共性，10 年的间隔期也不一定是偶然。首先，这两次品类创新爆发都与 21 世纪最重要的商业基础设施——互联网的升级换代密切相关。人们的互联网终端从 PC 走向了智能手机，无数平台、产品、服务的核心战场也就此改变。其次，这两次品类创新也都与新人群的新需求有关。如果说 2003 年前后的品类创新爆发是迎合了“80 后”的消费需求，那么 2014 年前后的品类创新原点人群已经转变为了“90 后”。对于一个品类来说，10 年的时间足以让一代消费者从品类入门转向品类精通，但在这短时间中，老一代消费者产生审美疲劳，新一代消费者产生新的消费主张，这也为新品类的诞生提供了基础。如此看来，下一波持续增长企业或许就将在 2025 年前后集中爆发。

3. 传统盈利企业：低维度经营的企业的价值衡量要素

笔者认为，不能以科技水平来衡量企业是传统盈利企业还是未来企业，而是要以经营维度来衡量，将处于低维度经营企业称为传统盈利企业。有的企业可能处于一个传统的行业，但是企业的经营理念是超前的，企业是行业中的引领者。

一些人对这个概念的理解存在误区，比如有些企业的管理者认为自己的企业从事新兴产业，因此企业不是传统盈利企业。许多人容易将传统盈利企业和传统产业混淆，其实二者是有区别的。新兴产业和传统产业的区别主要基于技术和市场需求，而传统盈利企业是从经济维度的角度去定义的，所以有的经营新兴产业的企业也是传统盈利企业。

笔者提出的“传统盈利企业三要素”模型（如图 2-2 所示），就是为了更好地帮助企业家理解传统盈利企业。

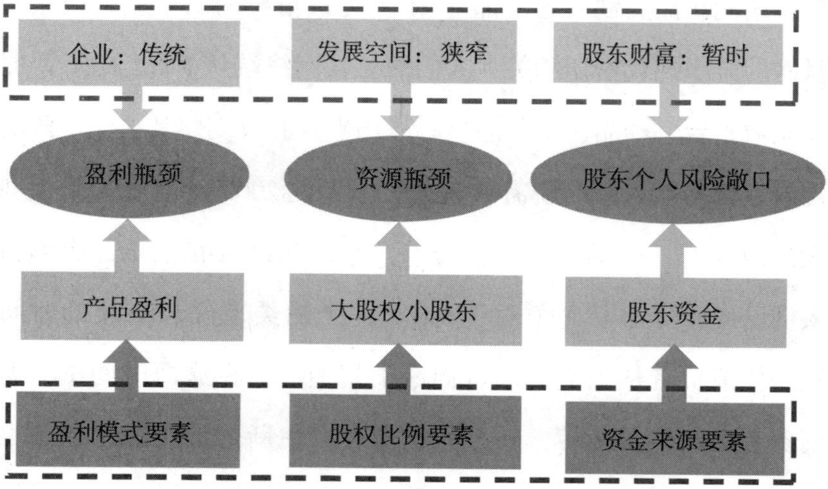

图 2-2　“传统盈利企业三要素”模型

我们可以从以下几个方面来判断一个企业是不是传统盈利企业。

其一，看企业的获利方式。如果单纯依托产品盈利，存在投资高、租金高、工资高、客流量不大、利润不高的情况，说明企业已经陷入红海竞争，发展瓶颈明显，发展后劲疲软。

其二，看企业的股权要素。所谓“大股权，小老板”，社会资源进入通道狭窄，很难实现“众人划桨开大船”的局面。

其三，看企业资金来源。如果入股资金来源于企业家，企业规模越大，股东投入的资金越多，股东负债就越多，股东个人财富风险敞口就越大。企业规模受限于企业和股东净资产规模，使股东权益和企业发展紧密捆绑。一旦企业破产，那么股东个人资产也会被收割，这就是所谓的“企业家是一时的富人，无法成为长久的富人”。

如果企业属于传统盈利企业，那么企业管理者就需要深度思考、快速行动，努力提高企业的经营维度。

中篇

高维度经营体系

内容“一体”

第 3 章

产品利润经营

企业要想围绕产品利润进行经营，就要将组织划分为若干个“阿米巴经营单元”，按照内部市场化考核评价机制对组织和员工进行评价考核。

内部市场化是指企业根据市场经济运行规律，模拟市场交易方式来组织企业内部生产经营活动，充分挖掘企业潜力，增强企业活力，在提高企业市场运作效率的同时提高企业的整体经济效益。它有利于企业提高劳动生产力、降低生产成本，对企业的发展具有重要的作用。

实业盈利思维和金融盈利思维有着明显的层级划分。实业盈利属于任何企业的标准配置，需要企业持续夯实基础，其目标是确保企业稳定持续发展。金融盈利属于高端经营层面，其目标是将企业做大、做强，实现股东财富高倍数增长。

企业还要释放组织的活力，激发组织的创造力。组织是由员工个体组成，人才考评的标准包括：绩效、能力、价值观和道德。绩效和价值观是站在企业角度来评价个人，能力和道德是站在个人角度来评价个人。前者代表已经实现的价值输出，后者代表未来潜在的价值输出。

在产品利润经营模式下，业务和财务实现融合，财务总监作为指导经营方向的“诸葛亮”，需要具备数字化趋势分析能力。要想利用好经济体系中的价值经营抓手，就需要将相关的财务人员提升至企业管理层，提高其在企业中的重要性。

3.1 先算胜，再干胜

企业需要将财务和经营融合在一起，财务为经营提供数据支持。财务承担战略牵引、财务管控、组织与文化驱动、流程变革等职责。财务要融合公司战略、业务，公司转型依赖于稳定的财务体系。财务要提供方法论，提供成本、销售、投资、预算、商业模式等方面的财务模型。财务还要提供制度、流程及措施，深入现场、深入基层、深入业务，保证政策方针得到落实。

在间接价值输出方面，企业的数字价值已经向数字经济转变。华为推行《“狼”眼看财报》，要求经营层要具备通过财经数据进行企业管理的能力。财经体系要提供各种模型、方法论、输出管理制度，通过各种财经报表，指出公司的盈利点、亏损点和风险点等。

在数据管理体系中，预算是机会点与目标预算如何围绕机会选择进行资源分配的问题；测算是资源配置，解决组织资源配置如何实现高效的问题；项目复盘是以实践指导实践，快速转化为生产力的过程。

3.2　高效率淘汰低效率 & 低成本淘汰高成本

1. 重新定义效率

什么是效率？如何理解效率？笔者认为，效率 = 目标×能力×速度。但拥有效率的前提是：找到正确的目标，拥有达到目标的能力。

如何找到正确的目标？正确的目标能带来的社会总收益为正，即这个目标带来的好处大于带来的坏处。我们可以仔细思考以下 3 个方面，确保目标正确。

第一，对方能获得什么？我们做到令对方满意了，对方才会给我们提供我们想要的。如果我们能成功，那么很多时候是别人希望我们能成功。

第二，自己能获得什么？我们要明确通过做一件事情，我们想要得到的回报是什么。

第三，时机到了吗？做一件事是需要时机的。目标符合时机，就会更容易成功。这个时机，就是“势”。

2. 数字时代效率

高效率意味着创造财富的能力更强。自工业革命以后，人类创造物质财富的速度越来越快。在可预见的将来，我们人类还会以更快的速度创造更多的财富。

组织效率的本质在数字化时代已经发生了变化，数字化时代的组织管理与以往不同。

如今所要求的效率不是分工带来的效率，而是系统的整体效率或者说整合效率。这个系统效率的获得，更多地依赖于协同，而非分工。一些企业的某个部门能力特别强，但是企业各部门的整体协同效率不高，因此企业在竞争中仍处于弱势。原因在于，企业中能力最强的长板可能会让其他短板显得更短，这样反而发挥不出长板的优势。

共生是未来组织进化的基本逻辑。未来的组织必须要具备共生的能力，组织进化的方向就是与更多的合作伙伴共生。在自然界中，存活下来的物种并不是最强大的，而是那些不断跟环境共生的。这也是未来组织的进化路径，无论技术和环境如何改变，企业都可以应环境而变，与合作伙伴共生。

价值网络中的成员应彼此互为主体。虽然有的企业认为自己是平台型企业，但还没有达到互为主体的程度。当企业称自己是平台型企业时，就已经默认自己是主体、别人是客体；当企业谈论整个价值链时，也把自己当作最主要的部分，而别人是企业的供应商，这其实还是存在主客体关系。但在讨论组织管理时，企业必须要有每一个成员都是主体的思维，当企业尊重所有成员的主体地位的时候，企业才能理解组织管理底层逻辑的根本性变化是什么。

数字化时代的战略，最大的一个变化就是认知底层逻辑的变化，即从竞争逻辑转向共生逻辑。这个变化告诉我们，如果企业想在整个战略中具有成长性，并不是看能与谁竞争，而是看能与谁共生。企业与别人竞争，可能没有办法在数字化时代找到机会，但与别人共生，可以创造出非常多新的成长空间。

组织管理由“分”到“合”演进，以获得系统整体效率最大化。

分工提升了劳动效率。让员工效率最大化的方法是分工，工序衔接标准化为每一套精确的动作设定了时间，分工使得劳动效率最大化。当劳动效率提升到一定水平的时候，人们的动作就高度标准化了。

分权提升了组织效率。组织要想获得高效率，第一是需要具备很强的专业能力，第二是要依据责任把权力分配下去。只有两者相结合，组织效率才能达到最高。如今组织内的层级制，就是因为分权而产生的。

分权提升了人的效率。如何让大家在工作中获得快乐而有效率，其实在泰勒提出科学管理理论之后人们对这一问题就进行了广泛研究。提升人的效率就要对人力资源进行管理，在这个过程中，激励人、发展人、挖掘人的潜能得到了重视。其中最重要的是什么呢？就是让员工的价值创造与他的收益相匹配，因此产生了分享利益的计划。

协同提升了系统效率。数字化时代的外界环境变化给组织管理带来了挑战。效率全部在内部，就是自己的效率，如果有人通过数字网络整合了外部的效率，相当于是跨界打击。比如新零售与传统零售的区别。原来我们购物要去商店，工厂把货物配送到商店，我们再从商店把东西买回家。但现在我们可以在线上下单，工厂或者库房直接将商品配送到家，门店的成本就节约了。

提高各个环节的内部效率，和整合工厂、物流后省去某个环节所提升的整体效率是完全不一样的。我们要获得系统效率，就必须进行高效的价值创造，在万物互联的环境下与外部协同，而非仅仅关注内部的责、权、利。这可以使得整体的系统效率最大化，系统效率最大化的方式就是协同。

3. 结构效率 VS 运营效率

任正非曾指出："所有公司都是管理第一，技术第二。没有一流的管理，领先的技术就会退化；有一流管理，即使技术二流也会进步。"

提升企业的管理水平，既要搭建企业管理体系架构平台，又要改善产品与市场脱节、内耗严重等情况，也就是需要优化顶层设计，提升结构效率与运营效率。

要提升结构效率与运营效率，就要保证管理者有足够的管理能力，实现管理专业化，以管理专业化促进经营规模化、治理有效化、组合动态化、组织协同化，从而使这些方面形成一个闭环（如图 3-1 所示），企业得以良好的发展。

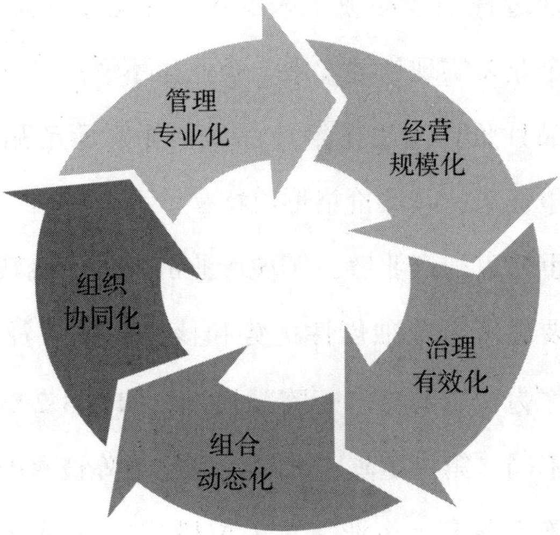

图 3-1　管理专业化闭环

3.3　高性价比淘汰低性价比

在盈亏边缘徘徊的企业，企业家在认知上要进行自我革新，这种革新不是延续性的，而是破坏性或颠覆性的，以努力突破企业发展瓶颈。对于以下几个方面，企业家需要重新审视。

首先，要重新审视产品的性价比，在性价比上有所突破。

性价比 = 价值/价格。如果要提高竞争力，企业就要提高性价比。很多企业通过节省材料、改进工艺和减少成本实现价格降低，以降低价格的方式来提高性价比，这会吞噬掉企业部分利润空间。

很多企业都通过提高价值来提高性价比，很多人错误地认为提高价值一定要通过提高产品成本来实现，这也是对业务的实质认识不清导致的。企业要实现稳健发展，企业家不懂产品是不行的，因此企业家要从产品性价比入手了解产品。企业家懂产品，才会通过提升价值形成竞争优势，降低价格形成壁垒。

其次，要重新审视产业链，实现产业链向价值链转换。

企业家需要思考企业独创性优势和核心互补性资源优势之间的关系，笔者称之为“资源整合矩阵”模型，如图 3-2 所示。企业在不同矩阵的盈利不同，第一矩阵不盈利，第二矩阵被垄断，第三矩阵高盈利，第四矩阵微盈利。企业需要采取措施向有利于自己的方向推进，以促使产业链转化为价值链。

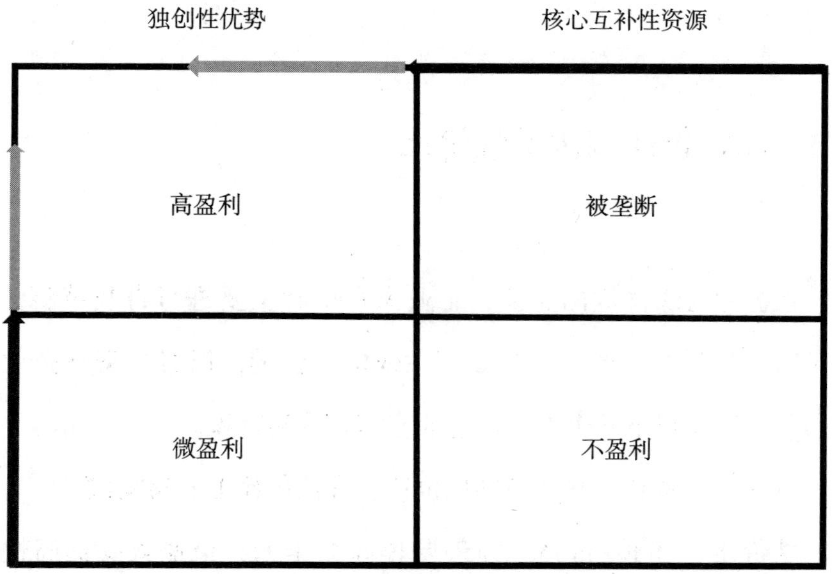

图 3-2 “资源整合矩阵”模型

最后，企业要实现过程精细化管理，推动“阿米巴”落地。许多企业的经营脱离财务数据的支持，本来是赚钱的业务，最后反而亏损了。企业的财务数据管理，永远都是企业基础管理的标准配置，于是笔者提出了财经管理“指挥权”模型，如图3-3所示。这个模型考验精细化管理水平的高低和利益分配的合理性，最终实现利出一孔、力出一孔，在效率和效益层面实现突破。

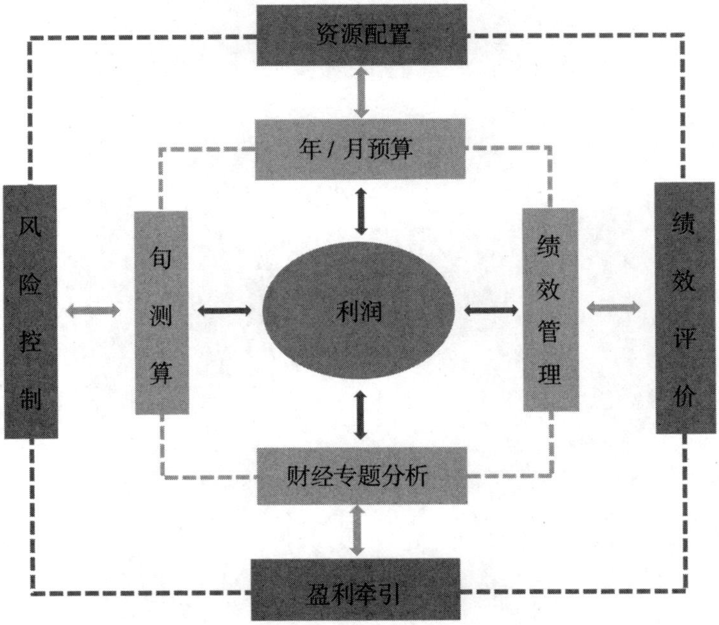

图3-3 财经管理“指挥权”模型

财务人员通过提供专业财务分析、专业财务工具，协助业务部门开展业务。财务人员还要提供财务解决方法，发挥财务风险控制职能，主导全面预算工作。

这就需要财务和经营融合在一起，财务为经营提供数据支持，真正实现战略牵引公司发展、财务进行过程管控，通过企业文化和组织驱动企业发展，最后经过流程调整来不断修正。企业的调整和转型也依赖于稳定的财务体系。

因而，企业家可以通过重新审视和调整自己的产品、价值链和财务体系来实现盈利。

第 4 章

现金流经营

现金流是企业的血液，没有现金流，企业就无法正常运转。企业可能不会因为负债而倒闭，但是可能会因为现金流断裂而倒闭。

社会供需关系已经悄然发生了变化，企业的增长逻辑已经改变，缺乏现金流的企业发展得十分艰难。现金流短缺导致企业面临危机，直接“背锅”的是融资工具，深层次原因是金融战略层面出现了问题，实质上是由于未进行现金流经营而导致的。尤其是现金流规模大的集团公司，更需要进行现金流经营。

4.1 产融结合："产业链金融联合舰队"模型

从企业经营的角度和债权人的角度来讲，企业的现金流比利润更重要。现金流是企业的血液，是维持企业持续经营的资本，其作用可能比收入或利润更重要。

在经济大环境下，金融监管和责任追究力度增加，金融机构对企业贷款的负债率有要求，贷款审核更加严格。商业银行为了保护自身经营效益，在收紧高负债企业的贷款额度。

融资性贸易因为门槛低、效率高、贴近企业经营情况，一直受到很多中小微企业的欢迎。但是因为资金提供方缺少金融监管和金融风险管理的经验，以及过度追求扩大营收，导致出现了很多问题。上市公司也因为虚构贸易，而出现融资性贸易合法化的问题。

什么是融资性贸易？融资性贸易是指企业以提供资金支持、赚取融资利差为目的，与同一实际控制人或互为利益相关方的上下游客户签订购销合同，并以此为掩护，开展以贸易为名、资金拆借为实的违规业务。

融资性贸易主要有两种形式：其一是假贸易、真融资；其二是真贸易、真融资。第一种形式很好理解，这种形式不存在如何合法化的问题。第二种形式真贸易、真融资是值得我们研究和思考的，也是本节致力于解决的。

借用贸易的形式融资，存在以下几个风险：其一扰乱了金融市场秩序、违反了不正当竞争法规；其二违背国家通过金融对经济的宏观调控，没有国家监管，风险管理能力差，风险大。未来的监管趋势应该是贸易的归贸易，供应链服务的归供应链服务，金融的归金融。所以如果企业想在未来有发展，就要放弃借用贸易形式进行融资的想法。

一些上市公司因为业绩差而没有利润，如果再没有营收，那么便会对股价或者企业融资产生不良影响。提升利润需要强大的业务能力的支撑，而这不是短期可以见效的，但做大营收还是比较容易的。因为上市公司是大企业，所以相比其他中小微企业融资也更容易。

企业可能不会因为没有利润而破产，但可能会因为没有现金流而破产。经营企业，不仅要经营利润，还要经营现金流。经营利润和经营现金流是两个方面，企业需要经营现金流，就需要实现产融结合，即搭建“产业链金融联合舰队”模型，如图 4-1 所示。此外，企业也要把握好“现金流经营金字塔要素”模型（如图 4-2 所示）中的各要素。

金融体系内的金融公司均要获得政府颁发的金融牌照，受到国家法律的保护和监管。政府监管部门每年都会取缔一些金融牌照，许多金融公司运行一段时间后就会破产倒闭，这是为了确保行业良性发展。

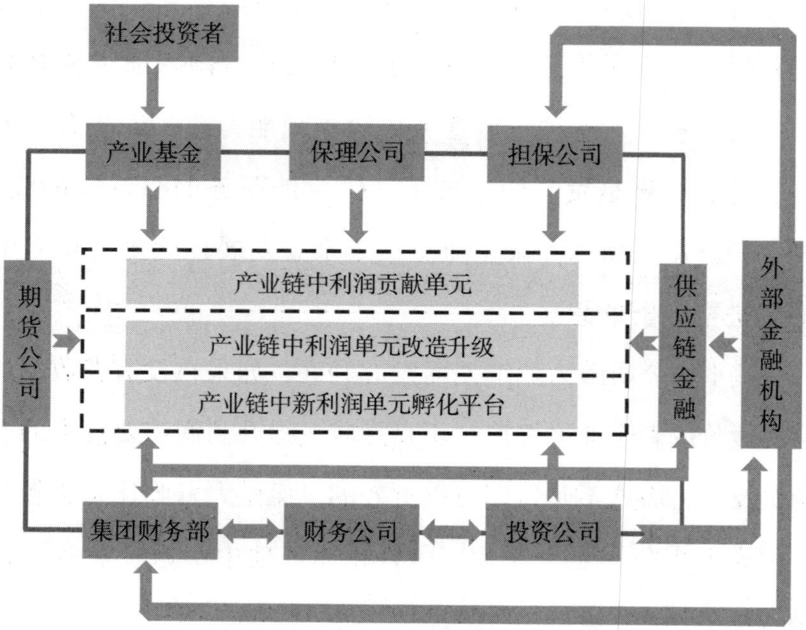

图 4-1 “产业链金融联合舰队”模型

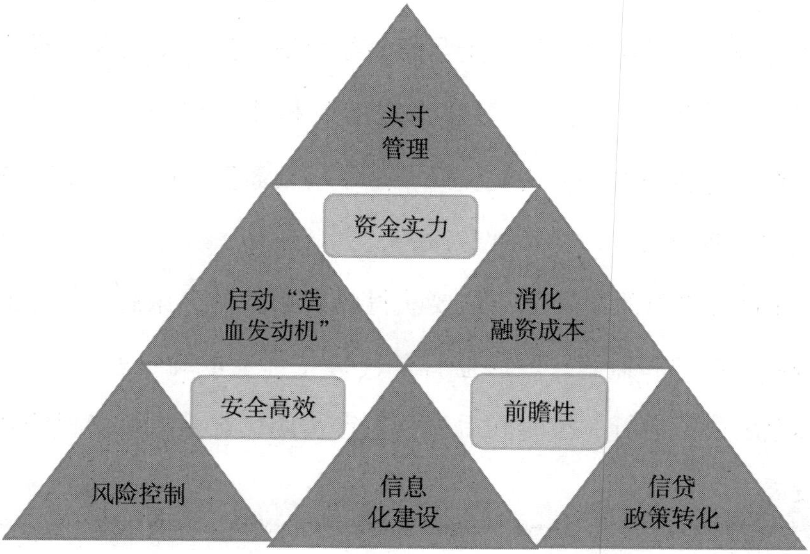

图 4-2 “现金流经营金字塔要素”模型

4.2　金融杠杆：企业的“造血发动机”

企业经营的利润可以转化为现金流，我们可以将企业经营利润视为一台“造血发动机”。大型集团的诞生是一个企业大量收购、兼并、不断投资扩张的过程。企业经营产生的现金流无法支撑企业高速成长，这就需要启动多个现金流经营“发动机”。下面将通过讲述地产行业的案例来解读这一内容。

1. 地产公司的现金流经营

下面从某家房企的业务模式出发，说明该房企一年可实现多少倍数扩张。房企可以高速扩张，但究竟一年能扩张多少倍，很少有人认真估算过。此时不妨先估计一个倍数和大致逻辑，然后与结论作对比。

假若该房企以 2000 万元自有资金起步，其初始资产负债表如表 4-1 所示。

表 4-1　某家房企初始的资产负债表

单位：万元

资产	2000	负债	0
可用资金	2000	股东权益	2000

该房企的发展历程如下所示。

第 1 个月：第 1 次拿地，地价 1 亿元，土地保证金 2000 万元。

第 3 个月：融资 6000 万元，外部股东 2000 万元，缴纳剩余 8000 万元出让金。

第 6 个月：融资，开发贷款 6000 万元，偿还前次融资 6000 万元。

第 6 个月：项目 1 开盘，3 亿元货值，首开去化 2 亿元，首付 1 亿元。

第 6 个月，项目 1 的资产负债表如表 4-2 所示。

表 4-2　第 6 个月，某家房企（项目 1）的资产负债表

单位：万元

资产	**30000**	**负债**	**26000**
现金	10000	开发贷款	6000
其中，监管	5000	应付款	20000
可用	5000		
存货	10000	**股东权益**	**4000**
应收款	10000	少数权益	2000

此时，可动用资金 5000 万元，实现高周转继续拿地。

第 6 个月：第 2 次拿地，地价 2.5 亿元，保证金 5000 万元。

第 9 个月：融资 1.5 亿元，外部股东 5000 万元，缴纳剩余 2 亿元出让金。

第 12 个月：融资，开发贷款 1.5 亿元，偿还前次融资 1.5 亿元。

第 12 个月：项目 2 开盘，7.5 亿元货值，首开去化 5 亿元，首付

2.5亿元。

第12个月，项目2的资产负债表（如表4-3所示），套用表4-2各科目乘2.5倍，负债端增加外部借款5000万元。

表4-3 第12个月，某家房企（项目2）的资产负债表

单位：万元

资产	75000	负债	70000
现金	25000	开发贷款	15000
其中，监管	12500	应付款	50000
可用	12500	外部借款	5000
存货	25000	**股东权益**	**5000**
应收款	25000	少数权益	5000

第12个月，项目1去化6000万元（全部回款），收到前期按揭贷款1亿元，新增监管资金8000万元，可用资金8000万元，剩4000万元货值，更新后的资产负债表如表4-4所示。

表4-4 更新后的资产负债表

单位：万元

资产	30000	负债	26000
现金	21000	开发贷款	6000
其中，监管	13000	应付款	20000
可用	8000		
存货	4000	**股东权益**	**4000**
外部贷款	5000	少数权益	2000

将第12个月项目1和项目2报表合并，内部借贷核销，得到该房企第12个月合并后的资产负债表，如表4-5所示。

表4-5　该房企第12个月合并后的资产负债表

单位：万元

资产	**100000**	**负债**	**91000**
现金	46000	开发贷款	21000
其中，监管	25500	应付款	70000
可用	20500		
存货	29000	**股东权益**	**9000**
应收款	25000	少数权益	7000

短短一年时间，该房企的资产负债表发生裂变：股东权益增加3.5倍，总资产扩张50倍，现金扩张23倍，可用资金扩张10.25倍，多出2.9亿元存货、2.5亿元应收款，以及9.1亿元负债。如此爆发式的扩张速度，堪比细胞的指数级分裂。

2. 高周转的资金池运作

我们可以把该房企迅速扩张的整个模式概括称为“高周转的资金池运作模式”。其中包含两个要点：其一是高周转，其二是资金池。

资金池运作的主要特征是滚动发售、集合运作、期限错配、分离定价。地产业务具有典型资金池运作特征：项目之间的款项拆借，资产负债标的和期限双双错配，项目定价完全分离等。

如果业务模式没有资金池的支持，只依靠自有资金和留存利润扩张新项目，高周转就无法实现。

假设不采取资金池运作，项目之间不能拆借资金，则该房企第12 个月的资产负债表如表 4-6 所示。

表 4-6　不采取资金池运作情况下该房企的资产负债表

单位：万元

资产	**30000**	**负债**	**26000**
现金	26000	开发贷款	6000
其中，监管	13000	应付款	20000
可用	13000	**股东权益**	**4000**
存货	4000	少数权益	2000

与进行了资金池运作的表 4-5 相比，表 4-6 中资产缩水 70%，存货缩水 86%，可用资金缩水 37%，负债降低了 71%。

没有资金池的运作，供给端扩张速度将放缓一大半；负债也将减少一大半，流动性风险大幅缓释。

笔者之所以将“高周转的资金池运作模式”称为房企的模式，是因为：其一，它是过去房企经营中普遍性的客观存在，代表了主流的扩张和发展模式。它高度概括了房企的核心共性特点和底层核心逻辑。它既解释了房企齐头并进、高歌猛进的历史，也表明了房企并排倒下陷入困顿的现实。其二，更重要的是，这个模式能体现房地产行业与其他行业的根本区别。房地产行业的这个模式是独一无二的。

例如，规模性断贷烂尾现象，主要是由高周转的资金池运作引发的。离开资金池，难以实现高周转；离开高周转，难以实现快速发展。高周转的资金池模式是绝大部分民营房企核心的内在模式。它既是民营房企过去提速占领市场的最大推手，同时也为民营房企“重伤”和退出埋下了伏笔。

3. 现金流经营：掌控好分寸，恰到好处

主流的民营开发商一般使用4层杠杆：拿地的前融杠杆；预售的按揭杠杆；建设的开发杠杆；开发的合作杠杆。用足4层常规杠杆，自有资金撬动的全口径货值杠杆可达到20倍。

很多开发商在套用4层杠杆时，将“超融”视为常态。这部分开发商依赖独有的融资体系，超融后杠杆有机会超过30倍。

少数激进的开发商还会采用“前融+明股实债+体系外杠杆”的加杠杆模式。凭借巨无霸的规模、“虚胖”的信用以及莫须有的刚兑承诺，这些开发商能将杠杆撬到50倍甚至更高。

一些房企业务结构复杂和杠杆过高则是外部政策和内在基因双重作用的结果。

其一，行业政策的产物。过去20多年，金融市场对房地产行业的全面放开是常态，包括房企端的融资制度和预售制度，个人端的相对低成本按揭融资制度等。

其二，民企的资金“饥渴症”。放开民企进入房地产市场的大门后，民营企业凭借自身适应市场和敢打敢拼的竞争优势，在几次经济周期中快速提升市场占有率，成为市场主导者。但是，民企原始自有资金单薄，信用歧视普遍存在，股权融资渠道逼仄，普遍患有资金“饥渴症”，形成了极小股本、超大体量的特有资本结构。

4.3　供应链再造：消化资金成本“金融利息收益”模型

1. 供应链金融

自 2003 年平安银行提出供应链金融“1+N”模式（如图 4-3 所示）已经过去十几年了，但国内能够熟练运用这一模式的公司并不多。

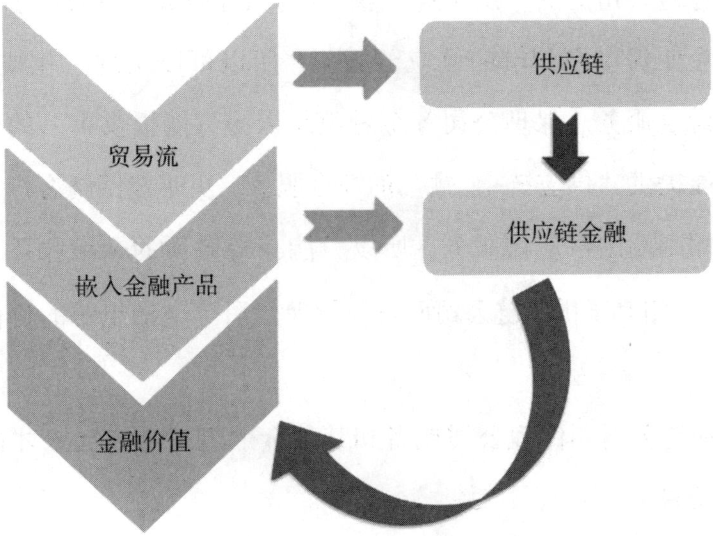

图 4-3　供应链金融“1+N”模式

通过增加交易环节进行融资可以分为初级阶段和高级阶段。供应链贸易既能实现融资，又能将财务费用转嫁给产业链条中的客户。

产业链中的核心公司可借助技术和资金的优势进行产业链整合。谁能够解决资金瓶颈，谁便有机会在细分行业里成为领头羊。

2. 供应链公司和金融组织做供应链金融的优势和劣势对比

供应链公司深度参与供应链。供应链公司主要是通过提供供应链服务，深度参与企业供应链，从而了解产业供应链和企业经营信息，掌控资产，有效防范风险。

保理公司、银行等金融组织不能直接从事供应链服务，这就导致它们无法真正了解产业链和供应链的情况，更无法处置资产。这也是导致市场上很多金融组织不断出现问题的主要原因。

供应链公司提供“供应链+金融”的综合服务。供应链公司因为可以为企业提供端到端的供应链服务，所以可以实现“供应链+金融”的综合服务。保理公司等金融组织因为只能提供单一的金融服务，不能提供“供应链+金融”的综合服务，更不能围绕客户需求向其提供端到端的供应链服务，所以只能获得微薄的金融收益，如图4-4所示。相对于供应链公司而言，保理公司等金融组织的价值要低一些。

供应链公司和保理公司或者和其他金融组织结合起来才能获得更好的发展。

供应链公司和保理公司、其他金融组织各有自己的优势和不足。两类公司的优势和不足正好可以互补，这意味着供应链公司和保理公司或者其他金融组织的结合，可以弥补各自的不足之处，又能发挥各自的优势。供应链公司负责企业的供应链服务，包括代理采购、

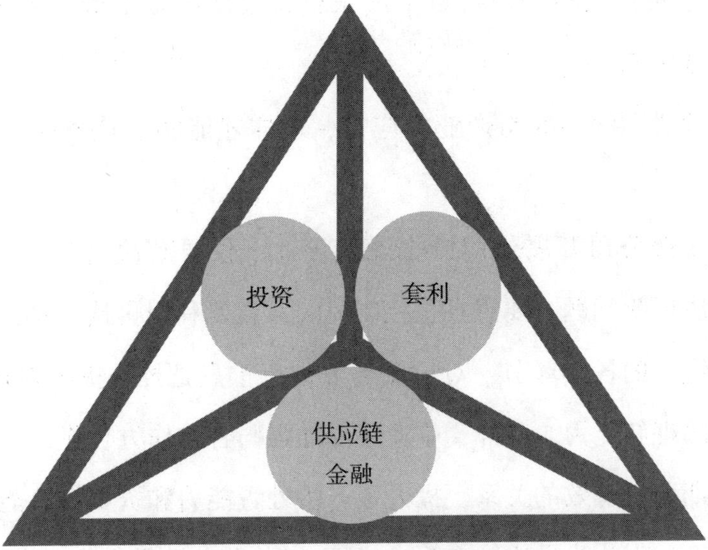

图 4-4　“金融利息收益”模型

虚拟生产、物流、分销、政务代理等非金融业务，保理公司、其他金融组织负责资金投放，然后通过供应链公司定向支付给企业的供应商。

给供应链公司发供应链金融牌照这个愿景目前很难实现。就像融资租赁或者商业保理，发展这么多年了，目前也还在完善中，所以短期内给供应链公司发供应链金融牌照是无法实现的。

在“供应链公司+保理公司”或者“供应链公司+其他金融组织”的模式下，在最开始的时候两个机构应该以只有一个股东为佳。随着规模不断扩大、数字化进程的加快，供应链公司可以直接对接传统的金融机构，由传统金融机构直接为客户授信，供应链公司只提供供应链服务，而不承担资金的流动性风险和信用风险。

非银机构适合开展金融服务业务，不适合开展金融业务。非银供应链金融企业不应该盲目学习银行，应该以金融服务业务为主，金融业务为辅。

企业必须深入参与产业供应链，这样才能实现业务闭环，才能有未来。

供应链公司开展供应链金融业务，不仅要解决合法化的问题，还要解决风险问题。要想真正控制风险，就要利用科技工具，深度参与供应链中的各个环节，对重点环节进行重点把控，提升对产业链、供应链的理解能力。此外，企业还要加强与各合作方合作，与合作方建立长期稳定有效的关系，提升资产的处置能力和资金供给能力。

笔者一直认为供应链金融企业只有为客户提供端到端的“供应链+金融”集成综合服务，才是真正的供应链金融，才会有未来。但是鉴于很多供应链金融企业自身股东背景和资源的问题，只能提供简单的金融服务，所以这些供应链金融企业未来发展堪忧，都需要转型，特别是非银供应链金融企业。独立保理公司生存难，核心企业保理公司转型更难。而端到端的“供应链+金融”集成综合服务模式能为这些公司在新的市场环境下进行更好的转型升级提供助力。

4.4 司库管理：集团公司资金管理

司库管理是资产负债管理的一个组成部分，指对全部资金及其利率风险、流动性风险、汇率风险的管理。司库的本义是执掌兵器卤簿的部门或机构，后指存放和支付汇集资金的地方，如金库。如今司库是企业集团或者金融机构内部负责资金管理的人员的称号，主要负责现金管理、风险控制等工作。企业集团的司库和金融机构的司库正好是交易对手。

换句话说，大家可以将司库建设理解为企业“资金池”建设。集团司库如图 4-5 所示。

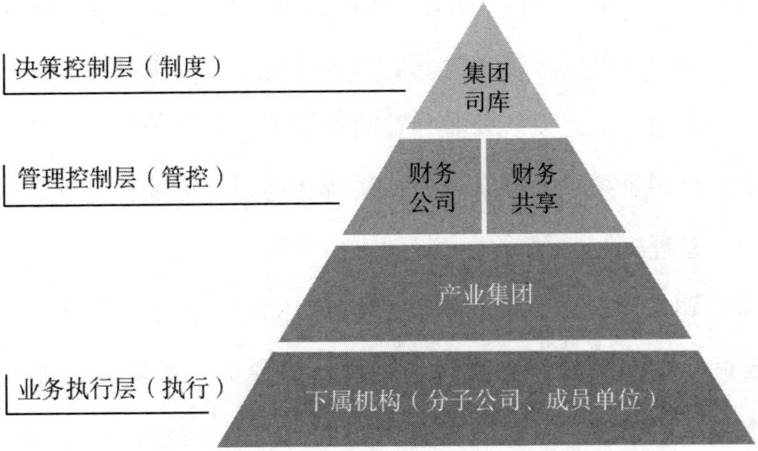

图 4-5　集团司库

随着数字信息技术快速演进，企业转型升级和创新速度加快，以及出于对全球资源统一调度和管理的需要，企业传统的资金管理模式走向司库体系建设是一条必由之路。

企业建设司库需早做准备。如果企业资产规模大，分、子公司数量多、分布广、层级多，那么企业在建设集团司库体系时需要做以下准备。

（1）做好变革管理。下属企业行业、经营规模、股权关系、历史背景差异较大，从较为分散的资金管理模式向集中化司库转变将会面临多方压力，因此企业需要做好充分的变革管理。

（2）司库体系方案设计。司库业务方案既要具有先进性，也要充分考虑管控力度、产融结合策略、实业与金融板块协同，以及控股上市公司、金融子企业的相关合规要求等，需要做好内部深入摸底和外部研究、借鉴。

（3）司库建设协同要求高。管理机制优化需要协调集团总部各部门、总部财务部门、财务公司、财务共享中心、资金中心，需要覆盖境内外企业。信息系统要整合已有的资金、核算等财务系统，与业务系统、财司系统、外部金融机构系统相连通，为项目建立完善的组织机构和管理机制，并投入大量的人力资源。

（4）司库建设技术先进。司库管理体系的建设离不开信息化手段的底层支持，同时需要成熟的系统落地能力，能够为企业构建完整的资金生态系统，以达到资金功能全面实现、集团上下流程一体、外围交互丰富等系统构建目标。

建设司库管理体系对于企业提高整体管控力度和风险应对能力，强化资源协同、共享，促进数字化转型具有重要意义。相关专家认为，司库体系建设工作千头万绪，只有统筹协调、落实科学方法，才能确保各项工作有序展开。

企业应当从做好现状调研和科学制订顶层规划开始，逐步优化司库管理机制，完善运营体系，做好系统建设，制定合理的推广策略，并建立司库体系建设的组织人员保障。

司库信息系统建设属于集团“一把手”工程，企业须明确集团司库管理战略思想，理解司库信息化建设的重要性和价值，旨在实现对资金等金融资源“看得见、管得住、调得动、用得好”。在建设司库时，对于不同类型的业务，企业要采取不同的措施。

1. 操作类业务：夯实信息基础、提升操作效率

第一，银行账户统一管理。

账户管理是司库管理体系的基础，企业要从以下四个方面入手做好账户管理：

（1）银行账户集团统一管理；

（2）明确合作银行名单，控制开户流程与范围；

（3）清理账户情况，严控账户数量；

（4）争取实现银企全覆盖。

第二，规范资金结算管理。

企业应建立统一的资金电子结算平台，完善支付结算相关政策与流程，减少网银支付和支票、现金的使用。其本质是围绕在银企直连和集中支付模式上，实现集中支付管理、银企直连协议、银企直连的支付管理。

第三，高效票据使用管理。

建立集团统一的“票据池”，并将票据纳入资金管理中，实现票据池资金的内部转移定价，有条件的公司还应探索内部电子票据的使用。

第四，应收账款清收管理。

为了加强应收账款的清收管理，企业应建立分层级且全集团参与的管理体系，构建从业务部门到总部财务部及资金中心的风险管

理等多道防线。

2. 运营类业务：深化智能应用、降低运营成本

第一，实施资金集中管理。

资金集中管理的核心在于资金池的建立，通过资金池实现对子企业资金的定期归集（最好实现按日尽归）。

第二，加强资金预算约束管理。

资金预算管理提出了“建立年度预算确定总盘、月度计划滚动调整的资金动态管控机制，有条件的企业可细化至按周管控”的明确要求。而在资金管理场景中，企业需要先对现金流进行预测，再进行资金预算编制，这样才能提高预算的准确性。

第三，加强债务融资严格管理。

对于债务融资管理，企业需要关注以下问题：融资统一规划，防止错配风险；利用集团优势，控制融资成本；内部借贷为先，平衡整体存贷。

第四，加强借款和融资担保管理。

企业还要加强企业借款和融资担保管理，控制集团资金风险，优化融资结构，降低融资费用。企业借款和担保需要集团统一进行管理，实现金融资源统筹管理。对于那些非全资和未纳入合并范围的企业的借款和担保，应严格进行信用评级管理，降低融资借款和担保的风险。

第五，加强境外企业资金管理。

加强境外企业的资金管理，实现全球资金可视化：一是需要对境外企业的银行账户进行统一管理；二是对境外企业的资金通过建

立境外资金池实现集中管理，通过额度内自由划转、内保外贷/外保内贷、轧差净额结算（差额结算）等方式实现境内外资金双向互转，在偿还贷款、实业投资的时候可自由划转。

第六，加强供应链金融服务管理。

供应链金融服务是指围绕核心企业，管理上下游中小企业的资金流、物流和信息流，把单个企业的不可控风险转变为供应链企业整体的可控风险，将风险控制在最低。

3. 战略及资源配置类业务：优化资源配置、支撑战略决策

企业要加强战略决策支持管理。企业要以司库系统为核心，充分利用业务系统数据，建立从资金后端到业务前端的全流程分析模型，实现资金分析场景化、动态化和智能化，为企业重大经营投资活动提供决策支持。

司库体系建设要以“统一管理、分级授权”“不相容岗位分离”“事权、财权分离”3大原则为指导，实现对企业的资金舞弊风险、合规性风险、流动性风险和金融市场风险进行全面防范与管理。

第 5 章

股权经营

从企业内部治理、资源整合等方面出发考虑，无论是国有企业，还是民营企业，单一的股权结构都不利于企业的发展。改变单一的股权结构，既可以通过混合所有制改革来实现，也可以通过 IPO 来实现。在企业上市实行注册制的大背景下，对于企业来说，未来 10 年将是一个重大的发展红利期。

面对股权市场的投资者，企业应该如何实现股权结构改革呢？这就涉及股权经营的内容。企业首先要明确以下问题：股权市场的现状是什么？企业应该怎样进行股权经营？下面将对这些内容进行重点讲述。

5.1　市场概况

A 股市场的规模情况如表 5-1 所示。

表 5-1　A 股市场的规模情况

板块	截至 2022 年 6 月 30 日，场内交易市场的规模如下
主板	上市公司 3136 家，总市值 75.8 万亿元，平均市值 241.71 亿元/家；其中上交所 1657 家，平均市盈率 12.6 倍，深交所 1479 家，平均市盈率 32.63 倍
科创板	上市公司 431 家，总市值 5.91 万亿元，平均市值 137.12 亿元/家，平均市盈率 55.39 倍
创业板	上市公司 1152 家，总市值 12.3 万亿元，平均市值 106.77 亿元/家，平均市盈率 64.18 倍
北交所	上市公司 100 家，总市值 0.0021 万亿元，平均市值 0.21 亿元/家，平均市盈率 26.25 倍
A 股合计	上市公司 4819 家，总市值约 94 万亿元

1. A 股科创板主要考虑因素

在板块定位方面，科创板优先支持 3 类企业：符合国家战略的科技创新企业、拥有关键核心技术的科技创新企业、市场认可度高的科技创新企业。创业板定位于符合“创新、创造、创意”的大趋势以及传统产业与“新技术、新产业、新业态、新模式”深度融合；主板定位于支持规模较大、发展成熟的大型企业做优做强，对发行人盈利水平、规范程度要求较高。

在支持行业方面，科创板优先支持新一代信息技术行业、高端装备行业、新材料行业、新能源行业、节能环保行业、生物医药行业；创业板设置了负面清单行业；主板对拟上市企业行业无严格限制，以传统行业为主。

在核心上市条件方面，科创板有5套标准，允许未盈利企业上市，接受红筹、VIE（可变利益实体）、同股不同权的企业上市；创业板有3套标准，允许未盈利企业上市，接受红筹、VIE、同股不同权的企业上市；主板的上市条件是：最近3个会计年度净利润为正且累计超过3000万元，经营活动净现金流累计超过5000万元或营业收入累计超过3亿元，不存在未弥补亏损。

在募集资金规模及使用灵活性方面，科创板募集资金重点投向科技创新领域，募集资金规模不受净利润23倍限制，融资金额更大；创业板应披露对业务创新的支持作用，募集资金规模不受净利润23倍限制，融资金额更大；主板主要用于项目建设，可少量用于补流或还贷，须有合适的募投建设项目，募集资金规模受净利润23倍限制。A股科创板、创业板和主板的主要考虑因素对比如表5-2所示。

表5-2　A股科创板、创业板和主板的主要考虑因素对比

类别	科创板、创业板	主板
上市审批	1. 采取注册制，主要由交易所对信息披露进行形式审查，审核难度相对较低 2. 降低准入门槛，以信息披露为中心 3. 对关联交易的容忍程度较高，要求不存在严重影响独立性或者显失公平的关联交易	1. 采取核准制，由证监会进行实质性审核，审核标准较高，准入条件较为严格 2. 不断规范和减少关联交易，如果关联交易比例较高，那么审核存在风险

续表

类别	科创板、创业板	主板
审批时间	1. 科创板 6～8 个月，创业板 9～12 个月 2. 其中交易所审核和证监会注册总计不超过 3 个月，答复交易所问询不超过 3 个月	1. 1 年左右 2. 证监会审核
估值定价	按照询价方式市场化定价，取消 23 倍发行市盈率限制，更有利于提升公司估值	发行定价存在上限，发行市盈率按证监会要求不得超过 23 倍
后续融资	再融资也是市场化审核	核准制
财报有效期	一般情况下为 6 个月，特别情况下可申请延长 3 个月	
交易活跃度	1. 个人投资者有一定的门槛，可能会影响市场的买方力量 2. 科创板及创业板放开涨跌幅至 20%	个人投资者没有门槛，整体上交易可能更为活跃

2. A 股各板块的对比：审批时长

（1）科创板/创业板：若 2022 年 7 月申报，预计 2023 年第二季度完成发行。

交易所审核时限≤6 个月，其中，交易所审核时间≤3 个月，回复问询时间≤3 个月；证监会注册回复时间不超过 20 个工作日；注册有效期：1 年。

（2）主板：若 2022 年 7 月申报，预计 2023 年第四季度领取批文发行。审核时限无规定。按照当前排队情况，申报到过会大约需要 15 个月。

当下，注册制正处于政策红利期，全流程审核速度较快。2019

年以来，主板公司平均审核时间为 442 天。科创板全部上市公司中，第一批公司审核速度最快，平均审核时间为 111 天；2019 年 11 月至 2022 年 6 月，平均审核时间为 255 天。创业板实行注册制以来，2020 年 8 月至 12 月审核时间均值为 78 天，2021 年 1 月至 2022 年 6 月审核时间均值为 353 天。

A 股 IPO 审核需要关注的问题如图 5-1 所示。

图 5-1　A 股 IPO 审核需要关注的问题一览

3. 现场检查情况

科创板 2021 年至 2022 年 6 月被现场检查的拟上市企业如表 5-3 所示。

表 5-3　科创板被现场检查的拟上市企业

序号	企业名称	现场检查公告日期	报告期最后一年财务情况（万元）			目前状态
			营业收入	净利润	扣非归母净利润	
1	北京清大科越股份有限公司	2022-7-15	19752.00	8035.69	7200.78	已受理
2	成都佳驰电子科技股份有限公司	2022-7-15	53017.02	31551.19	30759.74	已问询
3	北京忆恒创源科技股份有限公司	2022-1-7	72328.98	1677.63	1296.28	已受理
4	河北晶禾电子技术股份有限公司	2022-1-7	17840.43	6095.32	5726.66	已问询
5	辉芒微电子（深圳）股份有限公司	2022-1-7	30836.63	5173.89	4330.98	终止（撤回）
6	上海国微思尔芯技术股份有限公司	2021-10-15	13307.80	1010.72	993.96	已问询
7	北京浩瀚深度信息技术股份有限公司	2021-7-4	40974.60	5805.00	5347.08	证监会注册
8	深圳市路维光电股份有限公司	2021-7-4	49359.17	2849.54	4756.18	证监会注册
9	陕西华秦科技实业股份有限公司	2021-7-4	41386.47	15481.81	16368.50	已发行

续表

序号	企业名称	现场检查公告日期	报告期最后一年财务情况（万元）			目前状态
			营业收入	净利润	扣非归母净利润	
10	昱能科技股份有限公司	2021-7-4	66496.32	10309.38	9644.63	已发行
11	深圳市中科蓝讯科技股份有限公司	2021-7-4	112353.95	22936.26	19498.99	已发行
12	西安炬光科技股份有限公司	2021-4-25	35987.78	3358.29	1953.75	已发行
13	上海蓝科石化环保科技股份有限公司	2021-1-31	28727.59	2670.41	2166.18	终止（撤回）
14	杭州百子尖科技股份有限公司	2021-1-31	21608.36	4246.08	4075.13	终止（撤回）
15	苏州华之杰电讯股份有限公司	2021-1-31	88799.29	11629.84	11334.65	终止注册
16	博创智能装备股份有限公司	2021-1-31	111587.98	6555.87	5270.72	已问询
17	深圳市柔宇科技股份有限公司	2021-1-31	22697.77	-107319.28	-98564.94	终止（撤回）
18	江苏国光信息产业股份有限公司	2021-1-31	114511.74	6885.90	6546.40	终止（撤回）
19	紫泉能源技术股份有限公司	2021-1-31	40936.51	5128.13	5187.49	终止（撤回）
20	德威华泰科技股份有限公司	2021-1-31	20099.18	2990.75	2643.28	终止（撤回）

截至 2022 年 6 月，创业板 2021 年以来被现场检查的拟上市企业如表 5-4 所示。

表 5-4　创业板被现场检查的拟上市企业

序号	企业名称	现场检查公告日期	报告期最后一年财务情况（万元）			目前状态
			营业收入	净利润	扣非归母净利润	
1	四川英创力电子科技股份有限公司	2022-7-15	100775.78	7441.52	6658.05	已问询
2	北京易诚互动网络技术股份有限公司	2022-7-15	62817.83	5804.71	5716.83	已受理
3	上海索迪龙自动化股份有限公司	2022-7-15	23185.21	5601.25	5386.24	已受理
4	中航上大高温合金材料股份有限公司	2022-7-15	91159.18	6913.00	5157.02	已受理
5	黄山芯微电子股份有限公司	2022-4-22	22935.50	4228.62	3852.63	中止审查
6	西安鹰之航航空科技股份有限公司	2022-4-22	20481.18	6985.65	6767.36	中止审查
7	湖南华慧新能源股份有限公司	2022-1-7	21436.13	6162.36	5507.05	中止审查
8	武汉市蓝电电子股份有限公司	2022-1-7	8877.89	4045.99	3779.72	终止（撤回）
9	壹物科技股份有限公司	2022-1-7	21518.38	3765.71	3593.99	终止（撤回）

续表

序号	企业名称	现场检查公告日期	报告期最后一年财务情况（万元）			目前状态
			营业收入	净利润	扣非归母净利润	
10	江苏中恒宠物用品股份有限公司	2022-1-7	106778.18	9426.60	9135.36	终止（撤回）
11	浙江护童人体工学科技股份有限公司	2021-10-15	54723.39	6601.16	5785.08	终止（撤回）
12	来邦科技股份公司	2021-7-4	22356.36	6343.81	5402.33	终止（撤回）
13	常州丰盛光电科技股份有限公司	2021-7-4	58641.50	7481.46	7411.44	终止（撤回）
14	福建南王环保科技股份有限公司	2021-7-4	119535.55	8401.52	7955.09	已问询
15	深圳市核达中远通电源技术股份有限公司	2021-7-4	142901.18	10953.68	10641.82	已问询
16	上海唯都市场营销策划股份有限公司	2021-7-4	26073.22	6663.03	5952.66	已问询
17	苏州莱恩精工合金股份有限公司	2021-7-4	116356.93	8024.70	7506.62	终止（撤回）
18	浙江开创电气股份有限公司	2021-7-4	80564.44	6588.94	5718.56	已问询
19	上海醉清风健康科技股份有限公司	2021-7-4	106738.81	9746.55	6438.29	终止（撤回）

续表

序号	企业名称	现场检查公告日期	报告期最后一年财务情况（万元）			目前状态
			营业收入	净利润	扣非归母净利润	
20	上海卡恩文化传播股份有限公司	2021-7-4	33245.58	5612.73	5102.86	终止（撤回）
21	深圳市唯特偶新材料股份有限公司	2021-4-25	86299.44	8231.37	7707.23	报送证监会
22	江苏镇江建筑科学研究院集团股份有限公司	2021-1-31	29615.69	5784.26	5461.41	终止（撤回）
23	恒伦医疗科技股份有限公司	2021-1-31	37337.16	4713.31	4771.91	终止（撤回）
24	江苏扬瑞新型材料股份有限公司	2021-1-31	35546.53	8384.35	8063.82	终止（审核不通过）
25	格林生物科技股份有限公司	2021-1-31	56717.35	7167.80	7160.17	终止（撤回）
26	苏州湘园新材料股份有限公司	2021-1-31	29246.85	7830.22	7599.52	终止（撤回）
27	北京市九州风神科技股份有限公司	2021-1-31	81902.67	10371.36	9450.07	终止（审核不通过）
28	江苏凤凰画材科技股份有限公司	2021-1-31	46031.40	4098.89	4048.97	终止（撤回）

续表

序号	企业名称	现场检查公告日期	报告期最后一年财务情况（万元）			目前状态
			营业收入	净利润	扣非归母净利润	
29	江苏恒兴新材料科技股份有限公司	2021-1-31	51808.99	8972.22	8771.45	已反馈
30	北京木瓜移动科技股份有限公司	2021-1-31	402637.88	8928.38	8709.97	终止（撤回）
31	北京时代凌宇科技股份有限公司	2021-1-31	81611.41	7642.64	7298.78	终止（撤回）
32	江苏华鹏智能仪表科技股份有限公司	2021-1-31	32964.60	5890.82	5998.19	终止（撤回）

4. 再融资

作为资本市场重要的融资手段，再融资一直为市场参与各方所关注。2020 年 2 月 14 日，证监会发布再融资新规，对发行价格、发行规模的确定及减持限制等多方面予以放松。其中的修订重点包括：

（1）发行底价从前 20 个交易日均价的 90%下调至 80%；

（2）限售期从“12 个月（竞价投资者）/36 个月（控股股东等）”调整为“6 个月（竞价投资者）/18 个月（控股股东等）”；

（3）发行对象上限从 5 名提升至 35 名；

（4）放松创业板发行定增的财务标准；

（5）发行规模的上限从 20%提升至 30%。

再融资新规发布两年多后，2022 年上半年再融资市场热度相较上年有所下降。据 Choice 数据统计，截至 2022 年 6 月 30 日，2022 年上半年 A 股再融资企业已完成上市的共 176 家（不含并购重组及配套融资发行），同比下降 36%；募集资金总额达 3535. 60 亿元，同比下降 32%。在 3535. 60 亿元中，非公开发行 113 家，募集资金总额 1504. 44 亿元；可转债 57 家，募集资金总额 1564. 82 亿元；配股 6 家，募集资金总额 466. 34 亿元。

据统计，截至 2022 年 6 月 30 日，A 股再融资（包括非公开、可转债、配股）共审核 199 家企业。其中，192 家通过，7 家被否。

从板块来看：

（1）沪主板：69 家通过，4 家被否，通过率为 94. 52%；

（2）深主板：53 家通过，2 家被否，通过率为 96. 36%；

（3）科创板：28 家通过，1 家被否，通过率为 96. 55%；

（4）创业板：40 家通过，0 家被否，通过率为 100%；

（5）北证：2 家通过，0 家被否，通过率为 100%。

再融资企业排队情况，据证监会/深交所/上交所/北交所官网统计，截至 2022 年 7 月 4 日，A 股再融资排队企业共计 251 家。

主板仍然是再融资的主要“战场”，143 家占总数的 56. 97%；其次是创业板、科创板、北证。

（1）主板（143 家）：从融资类型来看，非公开 101 家，可转债 37 家，配股 4 家，优先股 1 家。

（2）科创板（33 家）：从融资类型来看，股票 18 家，可转债 15 家。

（3）创业板（73 家）：从融资类型来看，股票 45 家，可转债 26 家，配股 2 家。

（4）北证（2家）：从融资类型来看，股票2家。

5. A股市场并购

2022年上半年A股市场并购事件同比增长49%，电子、基础化工等行业占比靠前。

2022年，A股并购重组活跃，上市公司参与热情高涨。按首次公告日并剔除交易失败案例来看，截至2022年6月30日，A股市场共发生1867起上市公司并购事件，同比增长49%。其中，442起并购事件已完成。

当前，我国处在产业转型升级阶段，经济下行压力加大，部分产业链上下游优质企业经营困难。在这种情况下，更容易获得资金的上市公司收购估值较低的企业，能够提高资金使用效率，同时也可以进行产业链上下游布局。当前形势下，资产价格偏低，适合有实力的上市公司进行并购。

从行业分布来看，相关数据显示，2022年的并购主要集中于电子（176起）、基础化工（172起）、机械设备（169起）、医药生物（160起）等行业。

这主要是由于相关行业具有横向或纵向扩张的需求。例如，医药生物公司的横向扩张可以扩大研究管线、增加上市品种数量，从而实现外延式发展；化工、机械设备公司的纵向扩张可以实现上下游的协调管控，有效地降低了周期属性带来的成本波动，提高了市场竞争力。

虽然2022年并购重组市场活跃，但并不是所有上市公司都适合进行并购重组。以下3类公司适合进行并购重组：第一类是原主业经营不佳甚至连续亏损的公司，通过重组、控股股东变更等运作，注入新的资产与业务，进而重获新生；第二类是原有资产尚属优质，只是受制于大股东治理或管理层经营不善，出现低效微利的公司，通过并购重组理顺治理结构；第三类是行业龙头企业，凭借自身在资金、规模与管理方面的优势，通过并购来扩大自身的市场份额、提高行业集中度。

5.2　股权经营之产资智一体化

企业可以通过“三级资源整合快速扩张”模型（如图 5-2 所示）进入“融产+融资+融智”的产资智一体化整合通道。股权是整合资源的有力工具，企业可以通过投资和融资的方式嵌入其他企业的产业链条中，也可以通过释放股权来获得资金、人才及其他资源，通过股权的多元化实现资源的快速整合。具体操作时，企业可以通过混合所有制改革或 IPO 的方式实现股权的多元化。

企业可以将股权打造成资源聚集的平台，例如，科技企业华为、农牧企业温氏都通过释放经营股权使自己成为平台型集团企业。企业还可以将组织架构打造成职业经理人事业的平台，例如海尔成了小型微利创业平台，万科推出跟投机制等。

企业要将产业链打造成信息分享交易的平台，会聚产业链中的所有参与者，让采购方、供应商以及资金流、物流等服务提供方，甚

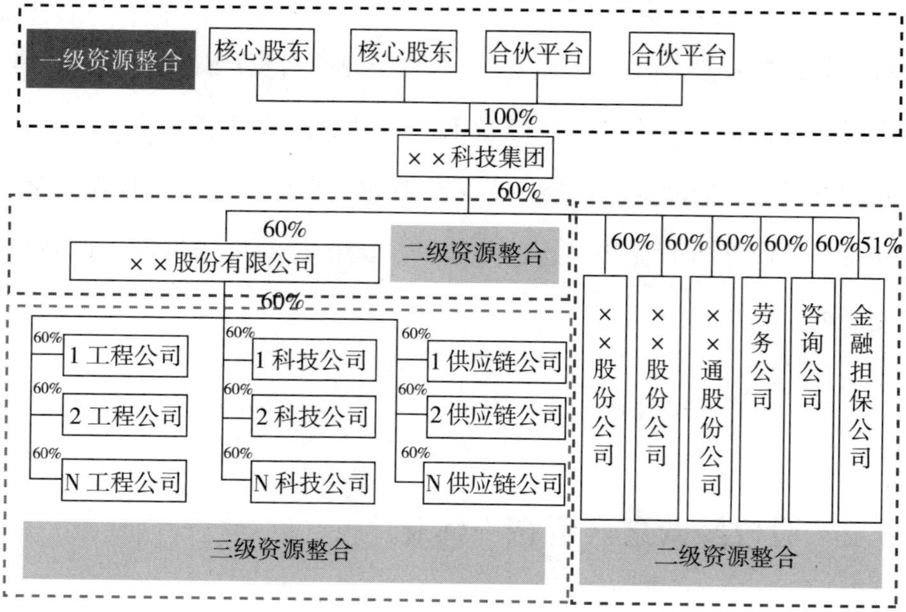

图 5-2 某集团公司“三级资源整合快速扩张”模型

至以往的竞争对手，彼此互动，通过对接所有人的需求，提供全新的商业价值。

在资源整合模型中，创始人在控股公司层面，负责一级资源整合；上市公司负责二级资源整合；实体经营的公司负责三级资源整合。大型集团公司通过解决产业链不完整的痛点，可以快速获得市场资源，促使其产业链完整。

集团公司要将在“三级资源整合快速扩张模型”中被整合的企业并到母公司报表中。根据《企业会计准则》，不管投资者是持股控股，还是协议控股，下面几个条件满足其一即可并表：

（1）有权决定公司日常经营和重大决策，从而把控整个公司的运转；

（2）拥有公司半数以上的投票权；

（3）在公司的董事会或者决策机构占有多数席位，从而能把控公司的经营决策；

（4）能够任免公司的绝大多数董事或者决策机构成员，从而能操纵公司的经营决策。

并表的前提是投资者必须是公司股东。如果不是股东，则无法完成并表。此外，还可以根据子公司的公司章程，判断母公司是否对其实际控制，如果实际控制，就可以并表了。

5.3　股权经营之盈利模式

有些企业家认为先做好实业，待到时机成熟后企业便可顺理成章地上市了，这其实是一个逻辑性的误区。

首先，实业经营和金融经营所遵循的法律逻辑是不一致的。

其次，实业经营和金融经营所面对的市场群体是不一致的，一个是终端消费者市场，一个是机构投资者和散户等。

最后，实业经营和金融经营所需要的人才是不一致的。

因而，实业经营和金融经营需要同步启动。实业经营往往处于经营维度的基础层面，而可惜的是目前很多人只看到了基础层面。在盈利模式方面，笔者提出了企业银行家盈利“价值田”模型（如图 5-3 所示），其中的逻辑关系如图 5-4 所示。

从事金融维度经营的企业，上市工作 80% 的工作量由企业内部

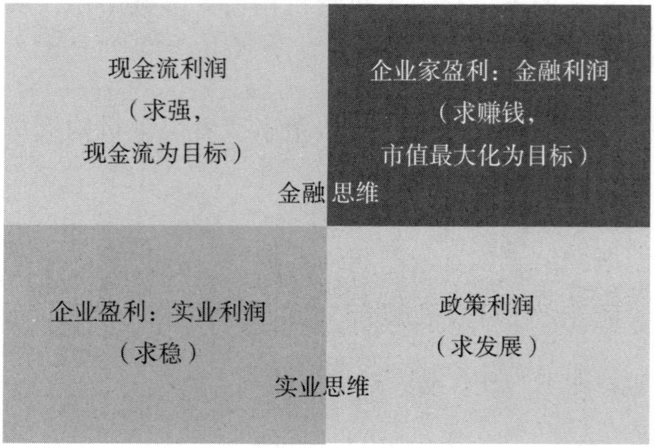

图 5-3　企业银行家盈利“价值田”模型

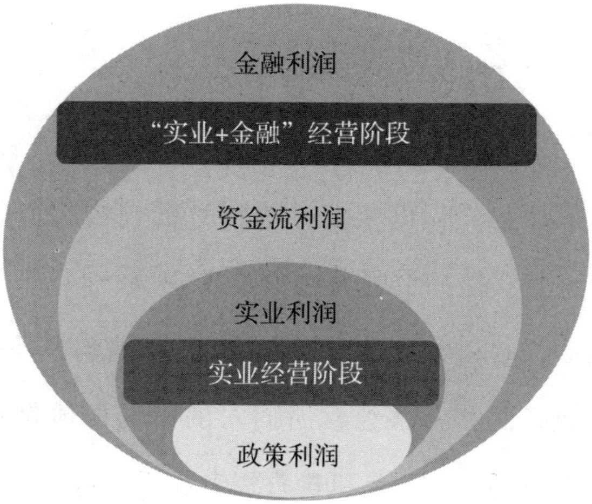

图 5-4　企业银行家盈利“价值田”模型的逻辑关系

人员承担，其中启动上市占了60%的工作量，冲刺上市占了20%的工作量，提交资料办手续占了20%的工作量。将上市工作重心放在提交资料办手续等方面势必会忽略市值管理的内核工作，这也是阻碍企业能够走得长远的一个很大因素。

上市是企业高维度经营内容之一，是一门技术活。在实业经营中，企业要实现规范、内控、上下游、盈利模式和可持续性等多方面的优化、整合。我们常说术业有专攻，让实业经营的团队进行金融经营是一件很困难的事情，即使机缘巧合进入了资本市场，也无法领悟到资本市场的真谛，甚至会给企业带来运营风险。这就需要企业在实业经营的同时，开始谋划金融经营，在一开始就配置专业的金融经营团队，做好万全的准备。

在 A 股审核制下，每年大约有 1000 家企业排队上市，因为业绩有变化等撤回上市申请的占了一半。科创板和创业板已经实施了注册制，这意味着企业上市相对容易，上市成本降低了，壳资源的价格也降低了。

在推行注册制的背景下，企业更应该提高公司内核实力，重视和启动高维度经营。为此，笔者提出了“金融经营 5432 四部曲”模型（如图 5-5 所示），既满足企业上市、实现高估值的需求，又能帮助企业避开误区、雷区。

股票发行注册制是势在必行而且大有可为的改革制度。股票发行注册制按下了中国资本市场步入新时代的“开启键”，资本市场将迎来繁荣而伟大的时代。

综观我国的股票发行审核制度，先后经历了额度管理制、指标管理制、通道制和保荐制。注册制是全面改善资本市场生态，实现市场化、法治化的一项基本制度，以注册制和退市制度改革为抓手，进而带动发行承销、交易、持续监管、投资者保护等各关键环节一系列制度创新。这将全面加强资本市场的制度建设，让资本市

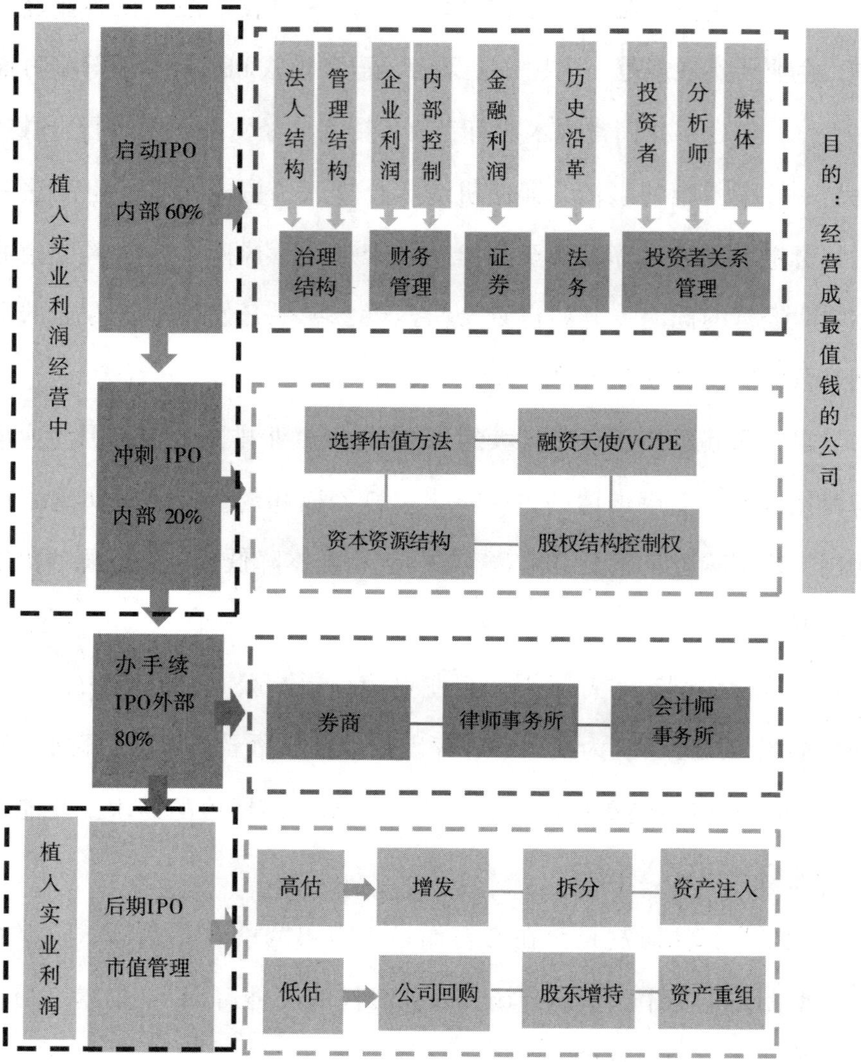

图 5-5 “金融经营 5432 四部曲”模型

场更有活力、韧性。

从总体上看，企业主动适应变化，加快构建新发展格局，会对我国未来经济增长方式产生深远而重要的影响。

全面实行股票发行注册制有着深刻的历史背景。卓越的企业要有长远的战略眼光，通过分析事物变化的来龙去脉，找到自己未来的发展方向。

新冠疫情对世界经济造成极大冲击，宏观经济环境十分严峻。中国经济要在更加开放的条件下实现更高质量发展，就需要积极释放区域经济合作和进一步开放金融市场。注册制就是通过构建高质量的资本市场，注入高质量外部资金，帮助企业及时纾解困境。

在宏观层面上，市场大环境逐渐稳定，实体经济向高精尖聚焦发展，“脱虚向实”成为企业的发展方向。随着开放程度越来越高，中国经济市场稳定发展。这为构建健康的资本市场、助推实体经济良性发展创造了良好的发展环境。

从微观层面上，我们可以看到资本市场助推实业发展已势在必行。

从 2018 年 11 月 5 日上海证券交易所科创板宣布启动到 2020 年 8 月 24 日创业板改革并试点注册制落地，A 股市场实现了从科创板到创业板的转变。治理结构、制度建设的经验逐渐积累，投融资环境逐渐改善，A 股市场的合理估值和进一步国际化已经是众望所归、大势所趋，注册制的大力推行也就有了良好的外在环境。这既为资本市场“长牛”打下制度基础，又能促使市场回归价值投资、长期投资基本面。

从总体上看，这正是资本市场以更开放的姿态来形成国内大循环为主体、国内国际双循环相互促进的新发展格局。

中国的资本市场经过这些年的蓬勃发展已经形成了一定规模，但还有巨大的市场潜力有待挖掘，目前，释放市场潜能的时机已相对成熟。

从市值和 GDP 的对比来看，A 股市场的市值还有很大的增长空间。我国的资本市场仍处于成长期，具有较强的生命力和较高的成长性。

从 A 股的市盈率来看，A 股市场还有较大的潜力有待挖掘。以一组数据来对比分析，新加坡的平均市盈率为 10 倍以内，美国为 15~20 倍；在我国的资本市场中，深圳主板市盈率约 30 倍，中小板则有 40 倍左右之多，而创业板和科创板更高一些，分别约为 60 倍和 70 倍。

社会财富“蓄水池”有利于优化居民资产配置，拓展投资空间，优化投资结构，由房地产投资向股市投资转变。

市场消费群体和消费观念已迭代变化，“90 后”信奉“不为所有，但为所用”的“共享经济”消费理念，以房产投资寻求个人财富增值的观念正在发生转变。

中国实业经济源源不断地创造财富，欣欣向荣的股市不仅能够作为社会财富“蓄水池”，还能够为实业发展提供资金以推动企业设备更新和技术改造。要承载如此大规模的资本流动，资本市场需要进行优化调整，才能让这些资金发挥更大的效用。全面推行注册制对中国资本市场基础功能进行的系统性再造，能让资本市场更好发挥资金和实业的枢纽作用，进而充分发挥市场对资源的配置作用。

注册制会给中国的股票市场带来巨大变化，具体体现在以下几个方面。

第一个变化，改革行政管理体制，降低企业进入门槛，提高了直接融资比重。

注册制打破因上市资质稀缺而形成的壁垒，从而改变了一级市场上市资质的供求关系，营造了更公平的市场环境、更优质的供求关系。

注册制为企业提供平等进入股市的机会。中国企业平均资产负债率有所增加，新冠疫情暴发之后，众多企业的融资需求急剧增加。注册制为民营企业，尤其是中小企业能够平等获得股票市场资源提供了保障。企业可以通过股票市场进行有效融资以优化资产结构，进而解决企业的资金流紧张问题，提振企业的信心，激发企业的活力。

正是由于上市资质具有稀缺性，才导致了“新股不败”的神话一直在上演。而注册制的推行，改变了上市资质稀缺的局面，也改变了股票市场供求关系。这使得很多公司即使掌握了稀缺资源，也不一定能持续地赚钱，而这种制度变革也会推动一些新的巨头企业出现。

从表面上看，实行注册制后上市门槛变得相对宽松，相当于为企业上市开启了绿色通道，股市扩容的速度更快。从本质上看，注册制将发行股票应具有“持续盈利能力”变为“持续经营能力”，也更有利于科技型、创新型等潜力公司进入资本市场，使上市公司的整体质量得到提升。

注册制也开启了退市的大门，用市场的力量倒逼企业不断提高自身的可持续经营和高质量发展的能力。例如在注册制下，科创板的 4 个强制退市条件为：其一，连续 120 个交易日成交量低于 200 万股；其二，连续20个交易日收盘价低于面值；其三，连续20个交易日股票市值低于3亿元；其四，连续20个交易日股东人数少于400人。虽然这个变化让缺乏基本面支撑的上市公司面临一定的调整压力，但也可以有效改变中国股市“只进不出”的局面。

第二个变化，更有价值的“价值逻辑”。

以前在股票发行审核制度下，依靠股票发行机制的稀缺性，只要企业进入A股市场，投资人就能够获得丰厚的回报。这导致一定程度上存在绩差股和壳资源只关注炒作、重组、注资，并没有将精力放在促进企业内在发展上，这不利于股市的健康发展。但是实行注册制后，这个局面将会被改变。壳价值逐渐消失，股市水分将得到挤压，调整后的估值将进一步打开优质成长股的长期空间。

实体经济是一国经济的立身之本，是财富创造的根本源泉。从未来发展来看，企业需要依靠坚实的实体基础，紧紧抓住新一轮技术革命和产业变革的历史机遇，走上高质量发展之路。投资逻辑的改变，使得符合未来社会需求的新一代信息技术、生物医药、新能源、新材料、节能环保等科技驱动增长型企业将拥有巨大机会得到投资者青睐。

这些企业有资本市场的加持，有助于孕育出一批处于世界科技前沿并有高市场认可度和稳定商业模式的成长型企业。这就是通过将资本市场的资金引入实业，真正促进中国整体科技制造业的发展。

在股市中留下来的都是具有可持续竞争力的企业，这将大大净化股市环境，对于资本市场的长远发展是一种利好。

第三个变化，对参与资本市场的“运动员”影响深远。

首先，更开放更有活力的市场。

银保监会明确自 2020 年 1 月 1 日起，正式取消经营合资寿险公司的外资比例限制。自 2020 年 4 月 1 日和 12 月 1 日起在全国范围内分别取消基金管理公司和证券公司的外资持股比限制，对中外准入和监管一视同仁。

境外资金投资中国市场的热情空前高涨。私募基金中境外资金出资额快速增长，包含境外直接投资者、QFII、RQFII 等境外资金在私募基金的投资额呈现增长状态，占 A 股总市值和流通市值的比重逐年提高。政策调整后，境外资金将迎来黄金发展期，有利于为中国金融业的进一步开放和多样化发展提供解决思路。

其次，孕育出更多更重信誉的企业。

在资本市场中，信誉就是企业的生命。企业要想获得更高的融资额度，就必须努力提高金融机构对企业的授信。新修订的证券法实施后，企业债券、公司债的发行也开始由核准制全面向注册制转变，这就意味着企业更容易使用中期票据、短融、超短融等中短端债券融资工具。

债券发行的条件放宽，拥有高评级的信用主体会被投资者青睐。信用将成为资本市场的绿色通行证，将决定一个企业在资本市场中能走多远。笔者相信，在不久的将来，我们能看到金融市场“守信者畅行天下，失信者寸步难行”的良好局面。

再次，更全面的发展维度。

在过去 15 年时间里，国内私募基金经历了三波公募基金人员向私募基金转型潮，私募基金规模呈井喷式增长。私募基金资金主要来源于企业投资者，比如产业资本，传统行业需要资金实现产业转型或产业升级。

在注册制大背景下，中国的 VC（风险投资）/PE（私募股权投资）正在经历一些非常大的结构性变化，现在已经初见端倪。在未来，有些 PE 不仅不能赚钱，可能连本金都不能收回来，经过阵痛调整期后，中国的私募行业才会更健康地发展。

最后，更合理的参与者结构。

目前的美股市场散户的占比已经很小，而中国股市中散户还占有很大的比重。其中还有很大一批股民对市盈率和市净率等财经知识不清楚，对所投资公司的基本面不清楚。注册制推行之后，大量没有专业水平的交易者会被淘汰。这就促使散户必须提高投资水平，必须要掌握一定的金融知识，能够研究公司的基本面。越来越多的散户将自己的资金交给专业机构来管理，总体投资将更趋于理性和科学。这在改变我国股市交易者的组成结构的同时，也在一定程度上加速了股市去散户化的进程，让股市的参与者结构更合理。

第四个变化，对参与资本市场的“裁判员”在监管治理体系和制度层面影响深远。

首先，更强有力的监管。

在审核制下，证监会审核把关入市资格，试图通过严格审批的方式选拔出优秀公司上市，这在无形中形成了证监会对新股发行人盈利能力和投资价值的背书。

而在注册制下，发行人的优劣和价值由市场决定，证监会从金融市场的“运动员”向“裁判员”转变，能更好地发挥监管信息披露真实性、监管欺诈行为的职能。新修订的《中华人民共和国证券法》于 2022 年 3 月 1 日起施行，对欺诈发行行为，从原来最高可处募集资金 5%的罚款提高至募集资金的一倍；对上市公司信息披露违法行为由之前的最高罚款 60 万元提高到 1000 万元。这既提高了对信息披露的要求，提高证券发行违法违规成本，也在一定程度上加大了对投资者的保护力度。

其次，更科学的交易规则。

目前的涨跌停制度无法解决连续跌停导致的流动性枯竭问题，容易给配资端提供虚假的安全性，变相地鼓励场外配资行为。新制度下，涨跌停制度也会逐渐发生改变。有几种调整的声音：一是可以考虑将涨跌幅限制放宽，如放到 20%；二是也可以对盘中个股做涨跌幅的放宽，比如第一级涨跌幅先设 10%，将当日第二级涨跌幅逐级放宽至 20%、30%，乃至更高；三是根据前一日的涨跌幅决定下一日的涨跌幅限制；四是可考虑先放宽那些因证券基本价值发生变化而导致涨跌停事件占比较高的股票。

无论采取上述哪种做法，都会倒逼企业走“价值管理”道路，让投资者选择未来价值投资的行为，而短期投机套利行为会得到遏制。这会改变投资者的心理预期，有助于股市交易规则更科学，股市运行更健康。

面对这些变化，是顺势发展、让企业产生“化学反应”，还是因循守旧，让企业画地为牢？

面对这些变化，企业要充分发挥以下三个机会优势：

第一个优势，稳定的市场经济秩序能够强有力地吸引国内外资金。

第二个优势，文化意识的觉醒和中国传统文化的复兴，也为资本市场注入了成长的动力。

我们拥有文化智慧“道”的力量，也拥有科技“术”的力量。“天行健，君子以自强不息”，中国的传统文化告诉我们，面对各种变革，我们要以积极的心态适应变化。这个道理也适用于资本市场。企业只有自强不息、脚踏实地、抱朴守拙，提高科技创新能力，强化核心竞争力，才能适应资本市场的新规则。

第三个优势，目前中国的股市处于承上启下的发展阶段。企业不仅要抓住国内市场的巨大机会，还要抓住经济全球化的重要机遇，参与国外金融市场的发展，形成市场和资源“两头在外”发展模式，参与国际经济大循环，推动经济高速增长。

企业要想在市场中实现长期盈利，就要做好长期价值管理。企业的“长期价值管理”模型如图 5-6 所示。

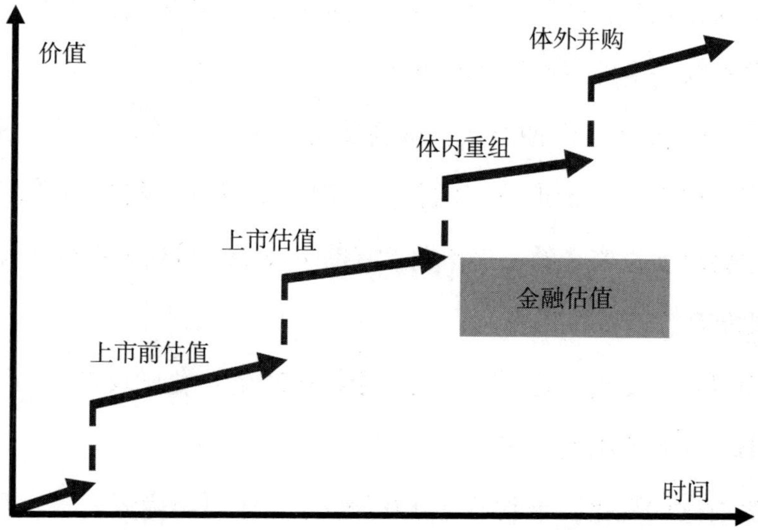

图 5-6 “长期价值管理”模型

第 6 章

政策经营

经济的发展遵循一定的市场规律，通过与过去进行对比并总结教训，我们可以从经济发展的历史中获得宝贵的经验，从而指导未来的经济发展。

企业的发展，要顺势而为。企业的发展需要精准研判行业发展趋势，企业的战略规划要与国家发展方向紧密联系在一起，将企业的发展融入国家的发展中来。

6.1 政策方向标

在微观层面，我们要看到资本市场助推实业发展的时机已经成熟。中国经济面临“需求收缩、供给冲击、预期转弱”三重压力，面对新的下行压力，企业要把稳增长放在更加突出的位置。因此，在外部环境错综复杂、充满不确定性，国内经济结构转型迫切的今天，企业必须坚持走高质量发展道路。

企业要善于结合经营现状来理解政策趋势走向。企业要结合市场格局来抓住市场机会，机会总是存在于最热的消费和生产市场中。

首先，中国是人口大国，人口密度和经济发展水平是成正比的。中国有一条人口密度对比线叫“胡焕庸线”，以黑河至腾冲线为界将我国人口分布划分为东南和西北两大区域，东南43%的土地上居住着我国94%的人口，是一个人口高密度分布区。

其次，中国人口呈区域集群分布。中国有五大城市群：长三角城市群、珠三角城市群、京津冀城市群、长江中游城市群和成渝城市群。现在也有新的城市群在拔地而起。中国五大城市群40%的人口创造了56%的GDP总量，这些城市群中无论是未开发区域，还是存量资产方面，均存在巨大机会。城市群能够引领新型城镇化、承接基建投资落地。

城市群中的大量优质资产可以助力养老服务、医疗健康、联合办公、科技创新等产业发展。

6.2　技术路线政策：专精特新

1. “专精特新”含义解读

扶植“专精特新”企业是中国近年来的特色产业政策之一，是实现技术突破和创新升级的重要抓手。“专精特新”是指企业具有专业化、精细化、特色化、新颖化的发展特征。“专精特新小巨人”是以“专精特新”中小企业为基础，在工业“四基”核心基础零部件（元器件）、关键基础材料、先进基础工艺和产业技术基础等领域主营业务突出、竞争力强、成长性好的中小企业。

2. “专精特新”中小企业认定标准

创新型中小企业评价标准：评价得分达到60分以上（其中创新能力指标得分不低于20分、成长性指标及专业化指标得分均不低于15分），或满足下列条件之一：

（1）近3年内获得过国家级、省级科技奖励。

（2）获得高新技术企业、国家级技术创新示范企业、知识产权优势企业和知识产权示范企业等荣誉（均为有效期内）。

（3）拥有经认定的省部级以上研发机构。

（4）近3年新增股权融资总额（合格机构投资者的实缴额）500

万元以上。

“专精特新”中小企业认定标准（以下条件需同时满足）：

（1）从事特定细分市场时间达到2年以上。

（2）上年度研发费用总额不低于100万元，且占营业收入总额比重不低于3%。

（3）上年度营业收入总额在1000万元以上，或上年度营业收入总额在1000万元以下，但近2年新增股权融资总额（合格机构投资者的实缴额）达到2000万元以上。

（4）评价得分达到60分以上或满足下列条件之一：

①近3年获得过省级科技奖励，并在获奖单位中排名前三；或获得国家级科技奖励，并在获奖单位中排名前五；

②近2年研发费用总额均值在1000万元以上；

③近2年新增股权融资总额（合格机构投资者的实缴额）6000万元以上；

④近3年进入“创客中国”中小企业创新创业大赛全国500强企业组名单。

“专精特新小巨人”企业认定需同时满足专（专业化）、精（精细化）、特（特色化）、新（创新能力）、链（产业链配套）、品（主导产品所属领域）6个方面指标。

3.“专精特新”支持内容

2021—2025年，我国将引导地方完善扶持政策和公共服务体系，分3批（每批不超过3年）重点支持1000余家国家级专精特新“小巨人”企业，并将带动1万家左右中小企业成长为国家级“专精特新小巨人”企业。“专精特新”的支持内容如表 6-1 所示。

表 6-1　“专精特新”的支持内容

支持对象	支持内容
重点“小巨人”企业	1. 加大创新投入，加快技术成果产业化应用，推进工业“四基”领域或“制造强国”战略明确的十大重点产业领域“补短板”和“锻长板” 2. 与行业龙头协同创新、产业链上下游协作配套，支撑产业链补链延链固链、提升产业链供应链稳定性和竞争力 3. 促进数字化网络化智能化改造，业务系统向云端迁移，并通过工业设计促进品质提升和品牌创建。另外，支持企业加快上市步伐、加强国际合作等，进一步增强发展潜力和国际竞争力
公共服务示范平台	支持中小企业公共服务示范平台为国家级“专精特新小巨人”企业提供技术创新、上市辅导、创新成果转化与应用、数字化智能化改造、知识产权应用、上云用云及工业设计等服务。其中，对于重点“小巨人”企业，还应提供“点对点”服务

4. “专精特新”培育现状

“专精特新小巨人”企业发展加速，我国“小巨人”企业数量已达 4762 家。第三批“专精特新小巨人”行业分布呈现“6789”特点：

（1）超六成属于工业“四基”领域；

（2）超七成深耕行业 10 年以上；

（3）超八成居所在省份细分市场首位；

（4）九成集中在制造业领域。

现阶段，专利转移转化状况保持活跃，有效发明专利产业化率持续提升，产学研合作创新成效显著，国内知识产权保护环境稳中向好，有效发明专利产业化率稳中有升。2021 年，我国发明专利产业化率为35.4%，较2020年提高0.7%，近3年来呈上升态势，近5年稳定在3成以上。

2022年，企业的有效发明专利产业化率达到46.8%，较2021年提高1.9%；从企业规模看，大、中、小型企业发明专利产业化率分别达到47.1%、54.6%和47.7%，均较2021年有所提升。

产学研合作有效带动专利产业化水平提升。调查显示，产学研发明专利中，以高校为第一专利权人的产业化率达到22.8%，是高校平均水平的7倍以上；以科研机构为第一专利权人的产学研发明专利产业化率为25.8%，高于科研机构平均水平约10%。数据还显示，产学研合作发明专利的产业化平均收益超过企业平均水平32.5%，产学研合作提升经济效益作用明显。

我国知识产权保护环境整体向好。2021年，我国企业遭遇专利侵权后采取维权措施的比例为76.4%，较上年提高2.5个百分点，企业专利权人应对专利侵权更加主动。我国专利侵权诉讼案件的法院判定赔偿、诉讼调解或庭审和解金额在100万元以上的比例为16.3%，较上年高出9.0个百分点，表明我国知识产权侵权违法成本正不断提高。

6.3 产业政策

专业的人做专业的事更能实现业务聚焦。企业要深入研究相关金融政策，在贷款、多层次资本市场、并购、IPO、发债等方面获得政策支持。

产业政策的五大主线如下：

（1）绿色发展理念之下的新能源等；

（2）数字经济、大数据、工业互联网等新基建爆发式增长；

（3）医药、旅游等养老、幸福产业；

（4）农业产业化、土地改革加速；

（5）依托大都市群、大都市圈，在更加集聚的区域发展思路下，传统基建精准补短板。

企业要通过产业政策研究，洞察机会点，为公司战略提供信息支撑。

6.4 税收政策

企业和个体工商户应及时了解税费优惠政策，以更好地进行税务筹划。具体来说，企业应了解以下税收相关政策。

1. 科技型中小企业研发费用企业所得税 100%加计扣除

享受主体：科技型中小企业。

优惠内容：科技型中小企业开展研发活动中实际发生的研发费用，未形成无形资产计入当期损益的，在按规定据实扣除的基础上，自 2022 年 1 月 1 日起，再按照实际发生额的 100%在税前加计扣除；

形成无形资产的，自 2022 年 1 月 1 日起，按照无形资产成本的 200% 在税前摊销。

2. 制造业中小微企业延缓缴纳部分税费

享受主体：制造业中小微企业（含个人独资企业、合伙企业、个体工商户）。

优惠内容：制造业中小微企业延缓缴纳的税费包括所属期为 2021 年 10 月、11 月、12 月（按月缴纳）或者 2021 年第四季度（按季缴纳）的企业所得税、个人所得税（代扣代缴除外）、国内增值税、国内消费税及附征的城市维护建设税、教育费附加、地方教育附加，不包括向税务机关申请代开发票时缴纳的税费。在依法办理纳税申报后，制造业中型企业可以延缓缴纳上述各项税费金额的 50%，制造业小微企业可以延缓缴纳上述全部税费，延缓的期限为 3 个月。

制造业中小微企业所属期为 2022 年 1 月、2 月、3 月、4 月、5 月、6 月（按月缴纳）或者 2022 年第一季度、第二季度（按季缴纳）的企业所得税、个人所得税、国内增值税、国内消费税及附征的城市维护建设税、教育费附加、地方教育附加（不包括代扣代缴、代收代缴以及向税务机关申请代开发票时缴纳的税费），在依法办理纳税申报后，制造业中型企业可以延缓缴纳上述各项税费金额的 50%，制造业小微企业可以延缓缴纳上述全部税费，延缓的期限为 6 个月。

享受条件：

（1）制造业中型企业是指国民经济行业分类中行业门类为制造

业，且年销售额 2000 万元以上（含 2000 万元）4 亿元以下（不含 4 亿元）的企业。制造业小微企业是指国民经济行业分类中行业门类为制造业，且年销售额 2000 万元以下（不含 2000 万元）的企业。

销售额是指应征增值税销售额，包括纳税申报销售额、稽查查补销售额、纳税评估调整销售额。适用增值税差额征税政策的，以差额后的销售额确定。

（2）制造业中小微企业年销售额按以下方式确定：

截至 2021 年 12 月 31 日成立满 1 年的企业，按照所属期为 2021 年 1 月至 2021 年 12 月的销售额确定。

截至 2021 年 12 月 31 日成立不满 1 年的企业，按照所属期截至 2021 年 12 月 31 日的销售额/实际经营月份×12 个月的销售额确定。2022 年 1 月 1 日及以后成立的企业，按照实际申报期销售额/实际经营月份×12 个月的销售额确定。

3. 中小微企业设备器具所得税按一定比例一次性扣除

享受主体：中小微企业。

优惠内容：中小微企业在 2022 年 1 月 1 日至 2022 年 12 月 31 日期间新购置的设备、器具，单位价值在 500 万元以上的，按照单位价值的一定比例自愿选择在企业所得税税前扣除。其中，《企业所得税法实施条例》规定最低折旧年限为 3 年的设备器具，单位价值的 100%可在当年一次性税前扣除；最低折旧年限为 4 年、5 年、10 年的，单位价值的 50%可在当年一次性税前扣除，其余 50%按规定在剩余年度计算折旧进行税前扣除。

企业选择适用上述政策当年不足扣除形成的亏损，可在以后5个纳税年度结转弥补，享受其他延长亏损结转年限政策的企业可按现行规定执行。

享受条件如下。

（1）中小微企业是指从事国家非限制和禁止行业，且符合以下条件的企业：

①信息传输业、建筑业、租赁和商务服务业：从业人员2000人以下，或营业收入10亿元以下或资产总额12亿元以下；

②房地产开发经营：营业收入20亿元以下或资产总额1亿元以下；

③其他行业：从业人员1000人以下或营业收入4亿元以下。

（2）设备、器具，是指除房屋、建筑物以外的固定资产；所称从业人数，包括与企业建立劳动关系的职工人数和企业接受的劳务派遣用工人数。

从业人数和资产总额指标，应按企业全年的季度平均值确定。具体计算公式如下：

季度平均值=（季初值+季末值）÷2

全年季度平均值=全年各季度平均值之和÷4

年度中间开业或者终止经营活动的，以其实际经营期作为一个纳税年度确定上述相关指标。

（3）中小微企业可按季（月）在预缴申报时享受上述政策。《关于中小微企业设备器具所得税税前扣除有关政策的公告》（2022年第12号）发布前，企业在2022年已购置的设备、器具，可在政策发布后的预缴申报、年度汇算清缴时享受。

中小微企业可根据自身生产经营核算需要自行选择享受上述政策，当年度未选择享受的，以后年度不得再变更享受。

第 7 章

企业所处的经营维度

《孙子兵法·谋攻篇》中有云："知彼知己，百战不殆；不知彼而知己，一胜一负；不知彼不知己，每战必殆。"

在任何时候，做任何事，一定要重点强化"知己"，即知道自己的劣势，强化自己的优势，并且把主要的精力和时间都用于提高自身。"知彼"，是在我们已经尽最大的努力强化自己之后再去关注对手在干什么，从而找到机会，一击必胜。

企业家要了解企业所处的经营维度，也要清楚地知道竞争对手所处的经营维度，这样企业家才能从顶层设计战略层面思考面临降维打击时的应对策略，从而促使企业提升经营维度。

7.1　以收入规模划分经营维度

任何一家企业都会有不同的成长阶段，但是从表面上来看，所有企业的成长是有共性的。从可量化的指标来看，企业的成长表现为经营业绩、资产规模的持续增长；从组织能力角度看，企业的成长是指竞争力的提升。如果把企业看作生命体，成长是企业与环境的互动，是持续不断的选择，是机能变化、适者生存的演进过程。

在营收为 10 亿元以下的阶段，企业的关键任务是商业模式的测试和验证，第一任务就是“活下去”。

这时，创始人需要自己冲在最前面去对业务负责。所以，所有的管理越简单越好，越垂直越好。在这个阶段，企业通常采用直线型结构或者职能型结构，从上到下实行垂直领导。这样能保证企业很集权，决策很集中，效率也很高，成本也可控。

企业收入在 10 亿元至 100 亿元之间，企业就进入了治理结构优化期。在这个阶段，企业的市场、研发、供应链各环节都有相应的领导者，有些重大问题只有领导者亲自出面协调才可以解决。

随着企业员工和业务增多，企业又需要不同的职能，比如研发、营销、财务、人力等。企业要按照职能去组合岗位，通过设立不同职能部门，使员工各司其职，共同推动企业业务的扩张。初创公司都可以采用职能型结构，但是每一个职能部门可能会“自扫门前雪”，只管自己的“一亩三分地”，从而影响部门与部门之间的协作。

在这个阶段，企业的关键任务就是实现商业模式的放大和复制，即实现“从 1 到 N”，针对不同的业务，设立不同的事业部。事业部制的形成，可以让前后端一体化，大大提升每个事业部内部的效率。

事业部制，最早是由美国通用汽车公司总裁斯隆在 1924 年提出。他参考杜邦公司的经验，以事业部形式改组了原有的组织，使通用汽车的整合和发展取得了很大的成功，成为实行事业部制的一个典范。

在总公司下，按照产品、地区、市场等因素，企业可以划分出各个事业部。每个事业部又有自己的产品和特定市场，能够完成产品从生产到销售的全部流程。各事业部在财务上还要独立核算、自负盈亏。随着企业进一步的发展，事业部制的局限性也会显露出来。各事业部都有个别优秀的营销、技术人才。但是，大家各做各的，很多东西没有办法共享。

这就需要矩阵式架构。矩阵式就是在各个事业部和职能的基础之上，增加一个横向的领导系统，把职能部门和按项目划分的小组结合起来，组成一个个的矩阵，每一个项目都有不同的职能部门来提供支持。也就是说，职能部门的人，既要参与本部门的工作，又要参与到某个项目中。

矩阵式的最大特征，就是既保留专业化管理的职能型轴线，又有事业部管理的轴线，两条轴线垂直交叉。它一般适用于协作性和复杂性非常强的大型组织。

企业营收介于 100 亿元至 1000 亿元之间，企业就进入追求人才效益期。在这一阶段，企业既要在内部人才梯队上下功夫，又要引入和留住高水平人才。

首先，企业要具有人才梯队建设体系。对于后备人才或人才梯队的建设，通常而言，存在以下几个途径：

（1）职业发展规划。企业的人力资源部通常要求后备人才填写“员工职业发展规划表”，并定期就后备人才的职业发展规划与其进行沟通，了解后备人才所遇问题和所需支持，并结合公司的发展需要和人力资源规划，提出修正建议。后备人才在晋升到后备岗位之前，至少要经过一个以上相关岗位的轮岗锻炼。

（2）推行导师制。导师是对后备人才在思想品德、工作态度和业务技能等方面负有督导、支持帮助责任的高一级管理人员，负责对后备人才进行职场辅导。事先辅导双方都要接受符合自身角色的技能培训。后备人才的业绩考核结果对导师的业绩考核有一定比例的影响。

（3）培训。在公司的培训体系和实施计划中，把对后备人才的培训列为专项内容，人力资源部结合公司发展的实际需要、人力资源规划和后备人才职业发展规划，负责制订后备人才培训计划，并根据后备人才的发展情况定期对计划进行修正。

（4）考核与约束。公司通过大量的资源支持给予后备人才更多的职业发展机会和更大的发展空间，因此需要后备人才体现更多的价值。公司要对后备人才的考核有更高的业绩标准，同时为了避免后备人才流失给公司造成重大损失，公司需要他们与公司签订更长期的聘用合约。

多元化发展的集团对后备人才的培养需求比单体公司更加迫切。在人才培养方面虽然没有大的区别，但总部需要综合考虑多个分公司的人才供给问题。因此，人力资源规划应该基于多元化的投资与产业组合现状，职业发展规划应该基于集团横向战略，实现人才梯队和后备人才建设的多元化和综合化。

这样才能将人力资源规划、后备人才储备、员工职业发展规划与战略投资、产业投资结合起来，形成完善的人才梯队，并形成基于投资与产业的继任管理、人才繁衍，从而形成集团自身产生人才的机制，从实质上解决员工继任计划的接班人培养问题。

员工继任计划，就是通过建立系统化、规范化的流程来评估、培训和发展组织内部有潜力的职业经理人，创建内部优秀人才库，以获得当前和未来所需的核心能力。对企业而言，这个计划能确保其随时有一支优秀的后备队伍，确保管理层的连续性，并缩短填补职位空缺的周期，不断满足将来的业务需要。

企业创始人往往有胆识、有魄力、能吃苦、会学习，在企业发展早期，能够身兼数职并把控整个企业的发展方向和节奏。但是随着企业的高速发展与快速扩张，光靠创始初期核心团队的力量已经难以满足市场和组织发展的需求。此时，很多企业的管理团队成长速度跟不上企业规模增长和创新转型的速度，最终阻碍企业的发展，轻则导致企业错失成长机遇，重则令企业发展陷入停滞，走向衰败。

因此，当内生增长不足以满足现有需求时，越来越多的企业选择通过外聘高管来补足人才缺口。其中，又以财务、战略、人力资源、投融资、市场营销、数字化等高管岗位最为火热。虽然外聘高管可以帮助企业快速搬到“救兵”，但“外来的和尚真的好念经”吗？

近 5 年内企业空降高管的 3 年流失率高达 40%以上，平均存活年限仅为 1.8 年。空降高管的价值可能尚未来得及发挥，便已转场下家。在非上市的企业中，空降高管任职不足 1 年便黯然离场的例子屡见不鲜，在中型企业中这一现象尤其突出。其中，在创始人兼任董事长与 CEO 的情况下，空降高管 3 年流失率较创始人仅任董事长的情况高出 13%。

企业获得 1000 亿元以上营收，就进入了战略效益期。

1892 年，柯达公司诞生。到 1996 年，柯达公司拥有超过 14 万名员工，它的市值达到了 280 亿美元，占据了美国 85%的相机市场，2012 年，柯达申请破产保护。从诞生到巅峰，柯达用了近百年时间，而从巅峰到谷底，它只用了不到 10 年时间。是什么原因导致柯达这个“庞然大物”迅速倒塌？

柯达破产的核心原因是：沉溺于以往的成功产品，柯达最终让品牌变成了一种负担，成为拖累企业发展的包袱，误导股东未作出正确决策，从而在手握丰富技术专利和大量运营资金的背景下，一次又一次地错过机会。柯达的案例表明，公司不能以大为傲，公司再大，在市场中都只是“沧海一粟”。企业必须要拥有不断突破、颠覆、革新的勇气和决心。

柯达破产，也在于其犹豫不决，在于其被股东的意见所“绑架”，在于其决策者魄力不够。从 2003 年开始，柯达战略转型的目标一直就是从传统胶片业务向数码产品转型。但是，令所有人都感到疑惑的是，为什么柯达长达 7 年多的转型最终还是将企业推入破产重组的深渊之中，难道是方向选择错误，或者是技术力量和资金实力不够？

数码相机最先诞生于柯达。商业的悖论有时候是首先研发新技术产品的公司却没有成为这个产品的领导者，首先诞生于诺基亚的触屏手机反而毁了诺基亚，诞生于柯达的数码相机最终毁了柯达。

1973 年，一个刚从伦斯勒理工学院毕业的研究生史蒂文·赛尚进入柯达的研发部门工作。1975 年，赛尚利用 CCD（电荷耦合器件）发明了世界上第一台数码相机。这台数码相机最多能够拍出 30 幅黑白数字图像，但是它在公司内部没有受到重视。

1976 年，当赛尚在内部展示这台数码相机的时候，他准备回答很多问题，比如这台相机是如何发明的，它的工作原理是什么等。但是事实上，没有人关心这一类问题。柯达高层们的问题是：这种相机什么时候才会迎来它的黄金时期？什么时候使用这种相机才是切实可行的？为什么会有人想在电子屏幕上看自己的照片？

一款颠覆性创新产品推广的最大阻碍往往来自企业内部。柯达高管们认为数码相机将会削弱他们的胶卷业务，认为推出数码相机实际上意味着迫使公司陷入自己与自己竞争的“怪圈”中。因此，毫无疑问他们雪藏了这款产品。

柯达的高管们无论如何也想不到，数码相机会在不到 20 年的时间内给自己带来致命打击。从 20 世纪 90 年代后期开始，数码相机越来越多，柯达开始艰难生存，到了 2007 年，它就无法盈利了。同年，iPhone 诞生，2012 年 1 月柯达正式申请破产保护。

7.2　以所处的经营方阵划分的经营维度

商业竞争实际上是企业综合实力的竞争。企业的优势不仅来源于内部价值链活动的优化和资源的积累，还来源于对外部资源的有效利用，也就是企业有效整合商业生态元素，协调、优化生态圈内伙伴关系的能力。

经营维度要成为促进企业增长、创新的诱发剂，成为企业从优秀走向卓越的推动力。

那么低维度经营的企业有哪些特征呢？或者说，什么样的企业是低维度经营企业呢？

所谓的低维度经营的企业就是传统盈利企业。企业家首先要分析并认识自己企业所处的经营维度，组建不同维度的经营团队，比如大型集团公司可以依据自己所处的经营维度“招兵买马”，搭建不同维度的经营团队。

而小型公司可以聘请外部咨询人员，为企业提供维度改革方案和改进方案，帮助企业提升竞争力。这样企业才能够掌握原本不属于企业的资源，才能解决企业存在的问题，最终通过内部变革实现企业多维度经营。

处在低维度经营层面，企业要想快速发展有很大的难度。目前市场中企业战略同质化、技术同质化、营销同质化的现象很严重，企业竞争已经进入白热化阶段，目之所及都是红海。

但是在高维度经营层面，企业就可以拥有高速发展的空间，可以通过对股权的顶层设计实现对人才、市场、资金、人脉等资源的快速整合。通过顶层设计，大型集团公司可以整合小型公司，形成新的更大的平台，小型公司可以加入大型集团作为大型集团的产业链补充。其实这就是资源的整合利用，整合的结果对企业产生的效果是几何级的。

下篇 高维度经营体系落地抓手“两翼”

第 8 章

两翼之一：组织架构

笔者提出的“企业竞争维度”理论体系是为了提高企业的竞争维度，它落地的抓手就是架构设计体系。简单来说，顶层设计能够引导企业以目标为导向，让各职能管理者做好自己的分工、扮演好自己的角色。

8.1 身段够柔软

1. 组织治理的多层“皮”

在变革过程中，一些集团公司容易出现混淆资本架构和内部治理管理架构的问题。这两个框架一个属于经营股权层面，一个属于经营实业层面。这两个框架涉及的范围也比较广，从资本结构来看，包括母公司、子公司、孙子公司（子公司投资的公司）等；从治理和管理结构来看，包括股东、董事会、监事会、经营层等。如果混淆，容易出现改革链条混乱、不能各自发挥更大作用的问题。

还有一些集团公司在变革过程中耗费了大量精力、时间调整组织架构，自认为调整到位了，但是因为没有深刻认识变革的目标和战略，导致实际上“换汤未换药”，公司的组织架构没有发生实质改变。例如，从召开会议的形式来看，很多集团公司名义上是召开经营会议，实际上是召开委员会。委员会的驱动因素主要是个体目标，注重分权和制衡，表面上有共同的目标，其实更多的是各部门各自为政，这样的会议效果不是很好。

还有一些集团公司虽然能够在调整过程中做到授权和分权，但未打破内部边界，企业内部协同不到位。例如在制度执行上，集团公司在 OA（办公自动化）系统中铺天盖地地下发管理文件，但决策执行的力度却层层递减。

综上，我们可以得知集团公司调整组织架构需要具有“公司上下一盘棋”的思维理念，集团公司内部各个组织要有团结协作意识，集中力量办大事。一般来说，集团公司通常设置三级管理体系：高层负责确定战略方向，需要有明辨方向的能力，具备做出前瞻性决策的能力；中层负责支撑战略落地和细化企业的目标，需要具有全面策划的能力和对战略愿景的准确理解能力；基层需要具备较强执行力，负责战略的落地和目标的达成。中层和基层都是负责将高层和总部的决策贯彻下去。

除此之外，组织架构提升也需要顺应数字化发展趋势，因此企业要实行数字化管理。数字化管理也是有步骤的，依次为：管理制度化、制度流程化、流程表单化、表单信息化、信息共享化、共享价值化。

那么，数字化管理如何落地呢？在实操过程中，企业要逐步分解，其中一个步骤便是打通财务系统和各业务板块的数据衔接。数据细化是体现价值细化的最简单途径，这样可以有助于消灭集团公司内部各个信息孤岛。

2. 制造型企业的互联网属性

下面对制造型企业的互联网属性进行介绍。

近年来社会对互联网思维的讨论较多，认为互联网思维是一种用户体验至上、商业民主化的思维。在云计算、大数据和移动互联网发展的背景下，企业要利用互联网思维思考企业发展、产品创新、营销推广的方向，形成一个全新的产业生态环境。互联网应用的逐步丰富，深刻影响和改变人们的生活和消费方式，促进人们思维的改变，使人们重新思考和构建制造业的生产模式和组织方式，进而形成了大量的新业态。互联网思维下的企业转型升级，推动了众多制造业新业态的崛起，成为当前制造业发展新的亮点。

从整体上看，基于互联网思维形成的制造业新业态可以分为以下 3 类：

（1）基于社交化生产的新业态，如小米手机、开源硬件等。人们日常基于互联网的交流、评论等社交行为，逐步渗透到制造业的生产模式中，对产品的外观、性能的个性化创造提供参考，对产品的流通渠道进行扩展。

（2）基于用户体验的新业态，如智能手表、智能眼镜等。在互联网思维下，汽车、手表、眼镜等传统产品通过互联网及相关软件系统成为智能移动终端，为人们提供娱乐、查询等智能化服务。

（3）基于平台经济的新业态，如大数据、O2O（线上到线下）、数字出版等。大数据通过收集用户年龄、职业、消费偏好等个人信息，或产品性能、维修故障等产品信息，深入挖掘、提取内在规则，改变产品功能参数，并为用户提供个性化产品和服务。O2O 则利用线上查询，为用户的线下消费提供信息，进而引导用户选择产品。

互联网属性的企业具备以下特点：

（1）从产品形态看，具有互联网属性的企业像是一个产品与服务的“综合体”。在互联网的推动下，价值链将进一步向服务端延伸，提供优质、丰富的服务及解决方案将是制造业的重要收益来源，产品将逐步转化为制造商提供服务的载体。

（2）从研发制造看，个性化定制、社交化生产成为新趋势。在传统制造业中，用户通常被动地接受产品，只能对企业既定的产品进行选择。而在互联网思维下，用户将拥有对产品形态、功能等方面更多的话语权，个性化将成为很多产品的基本属性，这也为解决企业同质化竞争困境提供了新的思路。例如小米手机通过广泛收集并采纳论坛上粉丝的意见，贯彻了“用户需要什么，企业就生产什么”的理念，造就近百亿美元的行业传奇。

（3）从组织形式看，消费者、品牌商、渠道商等共同组成“并行制造”体系。传统的工业化思维以层级结构管理企业的内部运行，以串联结构与上下游企业共同形成产业链条，强调管理组织等级分明，强调企业业务“大而全”，难以适应市场和产品的多样化需求。

而互联网思维强调开放、协作与分享，要求减少企业的内部管理层级，在产业分工中注重专业化与精细化，企业的生产组织更富有柔性和创造性。近年来，海尔通过不断合并业务单元、削减边缘业务等方法来实现企业的扁平化运作，取得了不错的成效。

（4）从经营管理看，企业需重点经营客户而非经营产品。在传统制造业思维模式下，客户仅为产品的购买者与使用者，企业与客户之间仅存在简单的购买关系。而在互联网思维下，客户将成为产品推广的重要力量，参与到产品的设计、消费和宣传的多个环节，论坛、微博、微信等渠道从社交平台转为产品展示平台和用户集中平台。目前，小米手机的“米粉”，华为手机的“花粉”等“圈子经济”“粉丝经济”的兴起，正是各企业对互联网思维的理解和实践。

8.2　头脑够灵活

搭建了企业架构，企业就有了血肉之躯。但这还不够，企业还需要给架构注入思想和灵魂，即企业文化。各企业所处的行业不同，发展阶段不同，发展目标、愿景不同，导致各企业的文化也不尽相同。但是可以确定的是，文化都是围绕企业的战略和发展愿景而形成的，文化体现的是高效的凝聚和核心的锻造。

企业是人格化的，硬实力能够让企业具备健康的体魄，软实力才能够让企业有高度、有创新力，这就是企业文化的魅力所在。

企业文化有管控文化、激励文化和引导文化 3 类，这 3 类文化适用于不同类型的企业。追求精细化管理的制造型企业适合采用管控文化，要求员工严格执行工序操作流程；联销计酬的运营公司适合采用激励文化；创新性和科技型企业需要挖掘人脑中的智慧、引导文化建设，因此适合采用引导文化。

在集团公司中，这 3 类文化的顺序大多是管控文化、激励文化、引导文化，即企业要先让员工严格遵循规章制度确保工作质量，再引入激励政策提升工作效率，最后再想办法开发员工的智慧，追求企业创新发展。

企业文化结构可以分为 4 层：

第一层是表层的物质文化。它是企业员工创造的产品和各种物质设施等构成的器物文化，是一种以物质形态为主要研究对象的表层企业文化。企业生产的产品和提供的服务是企业生产经营的成果，它是企业物质文化的首要内容。

第二层是行为文化。它是企业员工在生产经营、学习娱乐中产生的活动文化，它包括企业经营、教育宣传、人际关系活动、文娱体育活动中产生的文化。它是企业经营作风、精神面貌、人际关系的动态体现，也是企业精神、企业价值观的折射，主要分为企业家的行为文化、企业模范人物行为文化、企业员工行为文化。

第三层是制度文化。它主要包括企业领导体制、企业组织机构和企业管理制度 3 个方面。企业领导体制的产生、发展、变化，是企业生产发展的必然结果，也是企业文化进步的产物。企业组织机构是企业文化的载体。企业管理制度是企业在进行生产经营管理时所制定的、起规范保证作用的各项规定或条例。

第四层是核心层的精神文化。相对于企业物质文化和行为文化来说，企业精神文化是一种更深层次的文化，在整个企业文化系统中处于核心的地位。所谓的精神层，主要是指企业或组织的领导和成员共同信守的基本信念、价值标准、职业道德和精神风貌。精神文化是企业文化的核心和灵魂，它主要包括以下几个方面的内容：

（1）企业或组织的最高目标。精神文化是企业或组织全体成员的共同追求。企业或组织全体成员凝聚力的焦点，是企业或组织的共同价值观，反映了企业或组织领导和成员的追求层次和理想抱负，是企业文化建设的出发点和归属。

（2）组织哲学。组织哲学就是组织领导为实现组织目标而在整个管理活动中持有的基本信念，是组织领导对组织长远发展目标、发展战略和策略的哲学思考。

（3）组织精神。所谓的组织精神，是组织有意识地提倡、培养其成员的优良风貌，它是对组织现有的观念意识、传统习惯、行为方式中的积极因素进行总结、提炼及倡导的结果，通过全体成员有意识地实践体现出来。

（4）组织风气。一般意义上的组织风气是指组织及其成员在组织活动中逐步形成的一种带有普遍性的、重复出现且相对稳定的行为心理状态，是影响整个组织发展的重要因素。

（5）组织道德。所谓的组织道德，是指组织内部调整人与人、单位与单位、个人与集体、个人与社会、组织与社会之间关系的行为准则。就其内容结构来看，主要包含调节成员与成员、成员与组织、组织与社会三方面关系的行为准则和规范。

（6）组织宗旨。顾名思义，组织宗旨就是指组织存在的价值及其对社会的承诺。

第 9 章

组织架构维度转变

企业要实现专业聚焦、业务聚焦，进行内部赛道细分，打造企业软实力。

用一个公式来衡量一个企业的价值，就是：企业价值=厂房机器设备占比30%+人才占比30%+运营系统占比40%。本章就对企业组织架构、价值链、价值网等内容进行介绍。

从产业链的交易结构来看，每条链条又长又宽，整体运营产业链条对运营团队的软硬件要求极高。在以价值为导向的前提下，对全产业链进行分段切割，就要先组建各个不同的价值链经营单元，再用不同的价值链组成价值网，从而更好挖掘产业链的价值。由此，产品价值网和盈利价值网融合在一起便形成了生态网。

9.1 家族企业顶层架构体系的转变

回望中国家族企业40余年的发展，呈现两大核心变迁趋势。

一是家族企业规模体量在国民经济中的占比大幅提升。2021年，“中国企业500强”榜单显示，民企的上榜数量占比达到一半。近10年来，家族企业在民企中的数量占比已超八成。

二是家族企业产业结构分布跟随时代趋势发生演进。从过去10年的“中国民企500强”榜单中我们可以发现，上榜企业的前十大行业席位占比明显下降，即产业多元化程度提升。从细分行业来看，家族企业从传统制造业拓展到批发零售、城市开发与房地产，再到近年来向新技术、新医药、新能源等领域快速发展，家族企业的行业分布变化从侧面体现了中国产业结构的跃迁。

如今，中国家族企业“风华正茂”。过去几十年的时代机遇造就了中国家族企业的今天，而面向未来，中国家族企业将围绕“转型升级”“代际传承”等主题发展。

随着中国经济由过去的高速增长阶段转向高质量发展阶段，“遍地黄金”的造富时代已经过去，“大水漫灌”的增长方式终将成为历史，而“做深做精”的家族企业则能在大浪淘沙中长存、长青。中国家族企业必须做好两个层面的转变，焕新企业家精神。

一是产业转型，追求技术引领与可持续发展。随着经济发展进入新阶段、劳动力成本攀升、技术创新颠覆传统行业，中国家族企业正面临产业转型升级的关键期。未来，中国家族企业需要更强的洞察力、想象力与创新力，跟随“高质量发展”与“新发展格局”两大趋势，通过技术创新引领企业实现从低附加值产业向高附加值产业的转型，从粗犷式发展走向可持续发展。

二是管理升级，聚焦提升企业内部的管理水平。过去的二三十年，由于国内经济高速发展、国际市场遍地机遇，一大批优秀的家族企业实现大规模扩张，对于企业内部管理则关注较少。相对于其他民企而言，家族企业的“人治”要素更为浓厚。

近年来，经济高速增长的“潮水”有所退去，真正考验家族企业内部管理水平的时刻已经到来。中国家族企业需要进一步建立完善现代化的治理与管理机制。

对于中国家族企业创始人而言，代际传承是既重要又紧迫的议题。中国百强家族企业中，当前仍在企业担任董事长或 CEO 等重要职位的创始人，平均年龄已超过 60 岁，因此，对于家族企业来说，接班人的遴选和培养势在必行。

9.2　产业链重构：重新划定组织边界

1. 高维度经营落地抓手组织重构

企业可以通过提升管理者能力改善管理，也可以从集团整体角度构建企业管理体系以及组织架构平台。

优秀的企业以战略驱动企业发展，通过顶层设计让企业战略落地。“企业竞争维度”是从盈利的角度来阐述，竞争维度落地就需要配套的架构设计，即顶层设计。简单来说，顶层设计就是企业为了实现目标而编写的“剧本”，让各职能管理者按照“剧本”上的分工扮演好自己的角色。

企业的顶层设计有待完善，表现在员工的执行力不够、企业业绩下滑、产品与市场脱节、集团公司内耗严重等方面。任何企业的发展史，都是不断修正、提高的过程，但是修正并不意味着就能成功，可是不变革必然不能长久发展。企业要以积极心态去面对挑战，科学分析和合理优化顶层设计，切不可冒着失败的风险蛮干。没有一个好的顶层设计，即使变革成功了，也会耗用企业大量的时间、精力，所以企业在进行顶层设计时要学会借力。

顶层设计非常重要，而且是有规律可循的。正所谓“引领行业的企业一定是引领行业变化的企业”，这些企业也是顶层设计的佼佼者，高水平的顶层设计能够让组织体系主动发生变化。这里面是有大学问的，值得我们学习和借鉴。

战略层面的内容不能急于求成，而是需要结合企业团队能力和组织结构来不断优化，以不断的迭代来实现转型。

笔者经常听到这种言论：基业长青需要以积极的心态去改变，转型也是如此，盲目悲观和盲目乐观都会让企业转型陷入困局。这种言论的产生是因为企业不能准确把握自己转型升级的节奏和战略目标落地的节奏，是企业对转型升级的思路不清楚的具体体现。

如何把握企业转型节奏呢？这就需要企业清楚自己所处的规模

阶段，明确转型升级中主要的目标。不同规模的企业，所处的发展阶段不同，需要解决的发展瓶颈也不同。按照销售收入划分，企业的发展要经历 4 个阶段，每个阶段都需要解决一些变革破局的关键点。下面以收入规模处于 10 亿元至 100 亿元之间的企业需要解决的关键点为例进行讲述。

在这个阶段，企业处于治理结构优化期。企业可以通过优化组织架构，增强整个组织的凝聚力和竞争力，并实现精益管理。比如，1997 年，华为销售额达到 41 亿元，为了在研发管理上提高效率、打通管理瓶颈，华为向 IBM 学习，引入 IPD（集成产品开发）研发管理体系。经过 6 年的调整，2003 年，华为销售额达到 317 亿元。

如何厘清企业转型思路呢？企业转型升级的路径是有经验可循的，企业管理者的思路转变和毅力很重要。

全产业链是一个资产布局的链，是运营协同的链，是组织架构和人的链，这种模式提升了企业发展的整体高度。

从事全产业链经营的企业，能够发挥产业关联和产业集群作用，形成更具有影响力的产业组织，保证产业链、供应链的完整通畅。

企业对全产业链进行重构便能够实现更新改造和升级换代，能够充分发挥专业化优势。

我国是制造业大国，各行业聚集了丰富的产业链资源，形成了各产业集群，从而经营者能够较为容易获取产业链上的资源，价格也相对透明。这导致许多行业产品同质化严重，许多传统行业早已经进入红海市场。企业的命运往往受制于产业价值链，而不仅仅取决于产品和技术的先进程度。因此，围绕产品和技术进行经营的竞争思维应该在适当的时候、适当的情势下升级为价值链竞争思维。

从企业经营层面来看，全产业链过于庞大，直接运作和经营一个产业链对于企业的全产业链运作能力提出了很高的要求。

基于产品思维，企业需进行产业战略的重建，以及根据新产业战略的要求来实现组织变革和系统再造。除此之外，任何在环节上或局部上发力的管理措施都无济于事。即使在一个全产业链内，也会存在诸多的细分领域，每个领域都需要有独立的品牌，每个细分领域都需要专业的人来经营。在产业链不同环节的布置更加有效率，把企业的价值体现在产业链的不同环节上，将资源自然地向价值高的环节上集中。

有些企业家看到了全产业链的优势和劣势，对其进行调整和改造，促使全产业链向生态链转型，但这些企业家容易陷入以下误区。

误区之一，误以为产业链是价值链，以自我为中心。

产业链有聚集资源的作用，而要发挥价值就需要将其重构为价值链。移动互联网时代是一个共生、共赢、共存的时代，企业价值由员工、消费者和企业共同创造。

误区之二，将生态建设理解为资源聚集层面的事情。

有的企业运用战略投资、收购等方式打造业务生态，盲目地进行投资并购，忽视业务经营、对生态系统的建设以及对外部合作伙伴的管理、整合，生态运作不够有力。

误区之三，将生态建设理解为实业经营层面的事情。

一些企业经营者简单地将生态战略看作开展合作、联盟、投资收购，存在很大的盲目性。

如果企业没有基于未来发展策略重构企业生态链，那么企业在转型时就要重塑新优势，即生态优势。企业要着眼于产业价值链中最关键也是最薄弱的环节来制定企业发展战略，进而确定营销模式，构筑核心竞争力，打造各环节优势。

在移动互联网时代，企业很难通过重资产运作弥补供应链管理上的不足，主要是对供应链资源进行整合和管理。

在聚焦产业战略的前提下，企业要谋求产业价值链的系统效率最大化，进而实现企业效率最大化。对于处于快消品、家电等行业的企业来说，产业价值链的核心环节在于营销，深度营销的核心命题就在于提高营销的系统效率，落实在具体上就是以驱动为核心的营销模式。

很多人容易将产业链和价值链混淆。实际上，拥有产业链并不代表拥有价值链，企业要选择形成价值链的优质资产进行经营，并嵌入互联网商业思维，在此基础上重新优化构建企业生态。

最后，介绍一下组织重构五步法：

第一步，分析组织的全过程；

第二步，利用 50% 的精力进行调查研究；

第三步，分清主要矛盾和次要矛盾；

第四步，找到突破口；

第五步，系统运营，绘制详细的“施工图”。

2. 产业链向价值链重构

全产业链中各链条的定位需要明确。笔者提出了“价值链动车组”模型，“动车”两端的“车头”代表客流量和生态基石，中间的车厢代表多个独立的价值链。那么，如何实现产业链向价值链的重构呢？

其一，重金打造“客流量”资产资源。

企业要寻找产业链中能够聚集客流量的业态，打造与客户连接的桥梁，让其成为生态基石产品，以解决客流量问题。生态基石可以是入口、平台、产品，甚至可以是企业的核心竞争力。生态基石具有黏性，在整个系统中发挥的辐射作用越来越强，并为生态中的各位成员赋能。

为什么企业汇聚社会资源的能力越来越强？

给予消费者实惠才能够形成流量入口，传统企业通过微利经营、对消费者让利的方式打破价格平衡以聚集消费者。而互联网企业则开启了免费模式，快速吸引了大量用户和流量。BAT（百度、阿里巴巴、腾讯）生态大厦之所以能够屹立不倒，关键在于拥有强大的生态基石业务，例如百度的搜索功能、阿里巴巴的电子商务和腾讯的社交功能。

通常来说，传统制造型企业的主业态较为容易打造成生态基石。因为传统制造型企业通过向消费者让渡部分利润获得了巨大的客流量，而拥有客流量意味着拥有未来，这一点明显体现在资本市场对于拥有客流量的公司的估值更高。

企业可以从用户体验超强的产品或服务起步，面向市场搭建平台商业模式，然后开放数据，有效地开展投资并购，逐步构建起自己的生态系统，进而打造生态型企业。

其二，对采购业务端按照供应链管理思维进行重构。

供应链管理内容包含采购、运营、物流等业务，以及供应链金融业务，企业要对采购业务端按照供应链管理思维进行重构。

首先，去掉贸易商中间层环节，对接产业链上游生产商资源，逐渐走向产地直供、厂家直供和海外直供。此做法可以给公司带来更多收益。而且，这能够在战略层面砍掉中间交易成本，缩短产业链条层级，让采购更开放、透明，也能够在一定程度上减少采购贪腐现象，提高内部运营效率。在细节操作层面，企业要进行供应商分级管理和绩效管理，并在采购分权和制衡上下功夫。

其次，赋能供应链运营。相关人员不仅承担内部销售职责，还要对外部客户进行销售，内销和外销并行运转，由成本中心转为利润中心。

对于部分产品，企业可以打造撮合交易平台，以纵向一体化的方式把企业做强。企业还可以增加采购量，从小采购变成大采购，在采购环节中拥有更多的话语权。

最后，赋能供应链物流管理，服务于生产，提高存货周转效率，最终提高资金使用效率。供应链管理平台打通之后，将实现物流、资金流和信息流的统一，在此基础上企业可布局供应链金融。

当前市场环境变化最大的特点就是进入了智能互联时代。要想实现全产业链向价值链的重构，企业需要借助移动互联网、物联网、人工智能等技术工具，积极主动地推进企业转型。

全产业链能够提升经营效率，降低交易成本和风险。

在实操细节层面，企业需要抓大放小，大规模的业务由供应链管理平台集中采购运营，小规模的则放在一线经营单位，既保持集采优势，又能保持灵活性。

其三，对客户进行细分，实现客户细分战略调整以及更细致的专业化，建立诸多独立价值链系统。

这样有利于聚焦专业化道路，专注自己的领域和细分市场，专业化更能提升企业产品实力。

对客户进行细分有利于提高品牌竞争力。品牌本身就是独立的产品，真正会做品牌运营的企业，其品牌会越来越值钱，从而品牌能够提高产品的附加值。例如“怕上火，喝王老吉”体现了王老吉的功能附加值；“爱她，就带她去吃哈根达斯”体现了哈根达斯的情感附加值。

对客户进行细分还有利于凭借部分股权资源整合产业链上的资源，实现“实力+活力+竞争力”的叠加优势。企业要基于战略的系统再造、产业战略选择，进行业务结构调整及资产重组。

价值链重构还会涉及资产重组以及存量资源的整合、结构优化。当今社会，竞争力的强弱不在于企业拥有多少资源，而在于其整合了多少资源。

产业链重构不仅有利于纵向一体化的整合，还有利于横向一体化的整合。企业要实现横向一体化，把企业做大，巩固核心市场，拓展外围市场，成熟之后再走全球化的道路。

产业链重构还有利于推动各独立价值链组建价值网。产业链重构能使整个公司形成一个有机的整体，各价值链环节之间、不同产品之间实现战略性有机协同。通过规模化管理运营以及金融工具叠加，形成价值网的企业会向龙头企业迈进。

3. 价值链向价值网重构

企业对产业链进行重构，组建不同的价值链，就会形成价值网，这是从产品经营维度入手进行阐述的。将产业链与价值链进行协同就会构成企业的生态系统，“企业银行家”在其中的作用便是将二者有机结合在一起，使二者在一个系统内运行，这就是企业经营生态。

多元化的企业进行产业链重构，应先从业务结构入手，再从资源配置入手，最后从组织方面入手。因为对产业链进行重构考验的是一个企业全产业链的运作能力、跨专业的人才组织能力，还有规模化管理运营以及金融工具叠加的协同工作能力。

在利好的机遇面前，企业应该面向未来，乘势而上，顺势而为，对企业进行价值链重构，向新的资本市场规则中的高估值的公司转型。具体来说，企业要实现以下几个改变。

第一个改变，PE 要从短期套利投资向长期价值投资转变，成为实体经济发展和管理升级的推动者。

投资者需要改变短期套利思维。实际上，中国很多 GP（普通合伙人）都想赚快钱，但是我们要看到 PE 绝不仅仅是企业的一种融资渠道，其激发企业创新活力、促进科技创新成果转化、实现高技术产业化的强大作用不容小觑。

从很多创业公司的模式来看，一个优势团队能够抓住一个有前景的商业机会，突破传统的商业模式，获得资本市场的青睐。同时，在获得人气的前提下再借助 VC/PE 的人脉，就可以在市场上迅猛发展。

但随着互联网客户资源红利逐渐消失，企业仅仅通过获取流量是很难实现长久发展的。这就需要企业认识到全面经营、提升内部治理和搭建价值链及生态体系的重要性。

但是对于一个处于发展阶段，销售收入未过百亿元，希望通过IPO 融资的企业来说，没有第三方的介入和推动，自身很难突破发展瓶颈。即使企业顺利通过 IPO，一些问题依然会掣肘企业的发展。从这个角度来看，拟上市企业在上市前就突破现存的发展瓶颈，能够为 IPO 高估值的实现提供保障。

第二个改变，从专业技术角度提升专业技能。

GP 要升级，内部结构就需要再进一步细分。企业可以通过价值链的重构来推进市值战略孵化，向“PE+咨询管理公司”模式转变，向“提供资金+推动价值链重构”的方向转变。在具体操作方面，常见两种模式。

第一种模式，在增量资本市场方面，未上市的公司需要挖掘潜力，在上市之前打造“（PE+价值链重构）+上市公司”的模式。例如，滴滴公司自 2012 年成立至 2019 年底累计亏损超过 500 亿元，但是当时的媒体报道滴滴出行计划最快于 2019 年内赴港 IPO，且目标估值超过 800 亿美元。

为什么滴滴这家不赚钱的公司能拥有较高的估值呢？就是因为它采用了上述模式，滴滴出行在上市前已经完成了企业发展赛道的拓宽，绘制好了企业未来发展的蓝图，并对企业市值进行管理。提高公司内核实力，重视和启动高维度经营的方法，就是“金融经营5432 四部曲”模型。

第二种模式，在存量上市公司中挖掘价值资产，打造“上市公司私有化+（PE+价值链重构）+新上市公司”的模式。

在注册之后，存量上市公司也会有诸多升级改造的机会。目前，PE 投资机构开始探索通过人工智能、大数据等先进技术，协助传统企业完成结构优化及运营效率提升，以实现信息化、数字化的升级。例如，自 2015 年开始，拥有 2 万多家直营店的“百丽国际”经营业绩严重下滑，仅 2016 年净利润就下降了 38%，全年日均关店 3 家。2017 年 4 月，高瓴资本入股百丽国际，采取一系列措施让这家处于业绩下滑期企业实现逆转。

首先，百丽控股私有化退市。然后，借助互联网技术为资产赋能，进而提升原有资产价值。2019 年 10 月，百丽旗下的“滔博运动”被拆分上市，市值达到 573 亿港元，超过当年百丽私有化的价格 531 亿港元。

随着中国进入新发展阶段，支撑发展的要素条件发生了深刻变化，中国将加速科技成果向现实生产力转化，打造科技、教育、产业、金融紧密融合的创新体系。而市场对金融体系的监管力度的逐渐加大，是为了打造一个规范、透明、开放、有活力、有韧性的资本市场。

在这样的大趋势下，企业必须脚踏实地搭建企业生态，不能误入歧途。

上市公司切忌将“市值管理”看作“股价管理”。对于上市公司来说，以下几种行为是不可取的：一是上市公司与机构签订市值管理协议，事先确定大致的股价，由上市公司发布相应的利空或利好消息，机构在二级市场交易获利，最后进行利益分配；二是上市公司高管或实际控制人与私募机构合谋操控股价；三是利用“PE+上市公司”模式，先通过大宗交易接盘，或从二级市场先增持股份，然后帮助上市公司定向增发，实现退出并牟取暴利。如果上市公司中存在以上几种行为，最终必将承担严重的后果。

上市企业要扎扎实实做实业、强“核心”，这才是稳定发展的硬道理。资本市场只是企业做强、做优、做大的一个助力，企业千万不能为了上市而造假，从而陷入泥潭。同时，企业更不能粉饰财务报表甚至财务造假，否则必将受到严重惩罚。

4. 价值网向生态链重构

盈利维度+价值网+高维度合伙人团队=生态链。

在公司层面，有这样一个说法：“要么创新生态，要么融入生态”，而这也成为行业竞争的游戏规则。在资本市场中，也有一个说法“产品型公司值十亿元，平台型公司值百亿元，生态型公司值千亿元”，因而生态型公司是企业的最高形态，越来越多的公司走上了生态转型的道路。

任何成功的企业的生态系统建设都不是一蹴而就的，而是一个长期的过程。生态优势不再是“零和博弈”，它强调共赢、共生、共融，生态优势不再追求“为我所有”，而是“为我所用”。这要求企业要从“管理好所拥有的资源”转变为“管理好没拥有的资源”。

随着互联网的快速发展和普及，市场中的竞争从原先产品力和品牌力的竞争，转变为商业模式和生态的竞争。因此，打造更强大的生态系统应是每家企业追求的目标，许多企业快速行动了起来，进行全产业链整合。

无论商业环境怎样变化，打造行业生态依然有章可循。企业要了解生态战略的基本要素，遵循生态规律，坚持互联网思维，打造健康的商业生态，实现转型。

产品维度+盈利维度=综合维度竞争实力。

企业规模扩大之后，会面临是否要进行多元化经营的抉择，笔者在多元化集团中工作，深谙其中的奥妙之处。

进行多元化经营的企业中不乏诸多失败者。例如，三九集团曾经是中国中药行业的龙头老大，除了在中药领域之外，三九集团还布局了食品、酒、房地产、酒店、旅游、汽车等行业。但它在规模迅速扩张的风光时刻就埋下了迅速落败的隐患，最终走向衰亡。

也有许多企业在多元化经营方面取得了不菲的业绩，例如复兴集团、长江实业等企业通过多元化的方式进行股权意义上的实业投资，通过股权投资控制企业，在资本市场上获得资金，再通过一流的人才来治理企业。

导致多元化经营失败的因素有很多，要想成为多元化经营的佼佼者，企业需要具有下列能力：

能力之一，能够对产业发展大势作出正确判断，并制定正确的产业战略。企业要能够吸引优秀的人加入企业智囊团队，使企业的发展方向始终保持正确。

能力之二，实行多元化经营后，能够优化调整实业经营架构。

能力之三，在原有的业态层面突破金融经营层面的瓶颈，在金融经营层面形成资源聚焦的“母合优势”，以避免不同业务之间相互博弈、相互争夺资源。

集团公司进行多元化经营，需要遵循多元化经营的内在规律，只有遵循规律，集团公司在多元化经营的道路上才会走得更远。

第 10 章

两翼之一：企业银行家

1999 年，蔡崇信正式加入了阿里巴巴，担任 CFO 一职。蔡崇信加入之后，马上就为阿里巴巴取得了高盛集团 500 万美元的投资。得到这笔投资之后，阿里巴巴很快就走上了发展轨道。由于是第一家“吃螃蟹”的企业，阿里巴巴的发展十分迅速，而这也引起了各方资本的注意，纷纷开始对阿里巴巴进行投资。

在阿里发展的过程中，如果将蔡崇信比作制片人，负责阿里从“发起”到最终“上映”的各方面，那么彭蕾则找到了最合适的“演员”和调动了员工的工作积极性。

蔡崇信只有一个，但所有的企业都需要一个像蔡崇信这样的人，即“企业银行家”。“企业银行家”能够布局、推动企业高维度经营，他将成为企业的合伙人，能够站在长远的角度思考企业的未来发展问题。

10.1 企业的将帅之道

1. 优秀企业家

优秀企业家身上都具备一些共同的特质，例如有魄力、有市场眼光、有前瞻性等。实际上，企业成长的过程也是企业家自身修炼的过程。

企业家要知人善任，爱才如命。人才是企业最宝贵的核心资产，也是推动企业发展的动力之源。不同企业家对待人才的态度有很大差异，有的企业家外宽内忌，对外宣称要打造一流人才队伍，而实际上却对能力比自己强的人才持排斥态度，害怕驾驭不住人才，担心对方损害公司利益，以致对某些人才予以提防，甚至限制使用。

这样往往会导致一种结果：外部人才招不进来，内部人才留不住。由于企业无人才可用，企业家面对许多工作陷入了亲力亲为的困境之中，从而限制了企业的未来发展。

知人善任是刘邦能取得天下的最重要原因。刘邦手下的能人数不胜数，且都愿意为他肝脑涂地。他手下的谋士张良出身贵族，大将军韩信也出身贵族。相国萧何出身平平，甚至当年在刘邦还是沛公时告诉吕公，刘邦不过是个只会说大话、无所成就的人。太尉周勃原来不过是个吹鼓手，左丞相樊哙更是出身低微。

韩信曾对刘邦说：“陛下不能将兵，而善将将。”为君者最重要的是慧眼识才，而刘邦在用人上可谓是天赋异禀。这些出身不好的人都在刘邦这里被委以重任并且在刘邦夺取天下的过程中发挥了举足轻重的作用。

企业家决定了企业的未来发展方向，因此企业家的眼光至关重要。优秀企业家的眼光主要表现在两个方面：

一是远见。企业家看得多远，企业才可能发展得多远。华为任正非就是一个典型例子。在 2000 年的时候，面对正处于快速发展阶段的华为，任正非却写了一篇文章——《华为的冬天》。对此，许多人疑惑不解。

2019 年，华为在美国市场中的发展受到限制，由于华为在过去几十年的时间里一直加大对关键技术的研发，在芯片、操作系统等关键技术方面都有很大的优势，这才有能力应对危机。

二是市场辨别力，即企业家识别商机的能力。优秀企业家往往能看见别人看不见的机会，从而推动企业抢抓机遇，实现快速发展。正如某位企业家所说："当别人没看见的时候，我看见了；当别人看见了的时候，我已经在做了；当别人都在做的时候，我就开始走。"优秀企业家总能抢占先机，这也是他们领导企业不断走向成功的根本所在。

企业家还要有野心、有魄力。论野心，陈胜说出千古流传的名句"王侯将相，宁有种乎"；论魄力，陈胜、吴广揭竿而起，建立了张楚政权。

在项羽布下的鸿门宴中，刘邦能够脱身而出是因为自己会演戏。他极尽逢迎巴结之态以打动项伯，死里逃生，最终成就霸业。

反观西楚霸王项羽，他在楚汉之战兵败后自刎于乌江。如果项羽没有自刎，东山再起并非无望。

优秀企业家具有独到的眼光，这主要跟企业家的认知有关。企业家的认知是企业家在以往的学习与工作等过程中，随着知识、经验的持续积累凝结而成的一种知识框架和信念体系。企业家的认知在一定程度上决定了其思维模式和眼界。

不同企业家的认知存在很大差异。一些企业家由于路径依赖性，常常停留在过去成功的旧有经验中，从而被思维定式束缚。而有些企业家却能通过不断获取新知识来充实、更新其原有知识体系，从而让认知水平持续提升，并影响自己的行为。

优秀企业家还要有很强的领导力。科学技术的飞速发展及在行业中的广泛应用，正在快速颠覆传统商业模式。与此同时，经济发展的周期性波动也让市场环境处于动态变化之中。市场环境复杂多变，市场机会稍纵即逝，这就要求企业家必须具备敏锐的洞察力，准确把握市场机会，做到“杀伐果断”。

优秀企业家还要有格局、懂得分享。刘邦在这一方面就比项羽做得好，他所创立的奖赏制度对于人才的吸引力显然要大过项羽，他手下不少的叛将、降将，有从项羽那边过来的韩信，有从魏王那里过来的陈平等人。项羽虽然礼遇部下，但是部下实际能够得到的好处却很少，况且他不敢放权。相比之下刘邦就比较大方了，有业绩就有奖励，部下需要什么就给什么。

“用人不疑，疑人不用”的道理是每一位领导者都应该知道的，将有才之人的手脚束缚是一个企业走向衰落的开始。有奖有惩，员工才有工作的积极性。当好与坏没有差别，当勤奋与懒惰所收获的回报没有区别，慢慢地就不会有人再好好做事，没有人愿意勤奋工作。因为既然好坏都一样，那么人们当然会选择更加舒服的方式了。

优秀企业家往往有情怀，能尊重和爱护身边的一切，从而广受身边人的敬重和推崇，带领员工推动公司快速发展。有位企业家曾说过："能把一件事做好的人是人才，而能把一群人才凝聚起来共同把一件事做好的人是人物。"优秀企业家就是这种人，他们布施爱心，凝聚人心。

从行为方式上来区分，人有 3 种：一种是只说不做，一种是边说边做，还有一种是只做不说。优秀的企业家大多属于第 3 种，低调隐忍是他们所拥有的重要特质。优秀企业家往往都很务实，他们几十年如一日地努力做一项事业，而不是刻意追求虚名。当他们把事业做成之后，自然而然地成为众人推崇的对象。王石对任正非的评价是"北非之狐，藏而不露，非常低调"。低调的任正非却不断带领华为超越无数强大的竞争对手，挺进"无人区"，成为世界一流企业。

2. 帅才之道

企业帅才是协助企业家布局的人，企业会越来越急缺专家型的帅才，这类帅才往往具备两个品质、两个能力。第一个品质：维护企业家；第二个品质：做人厚道。第一个能力：善于对细分赛道进行管理，能够降维打击；第二个能力：具有领导力，对高层的管理侧重用智慧，对中层的管理侧重用制度。

领导力可以划分为五个层级。

领导力的第一个层级，是依赖职位赋予的权力去领导下属。我们有某个头衔或职位，可以据此领导别人，但这不意味着我们就是一个好的领导者。如果下属跟随我们不是因为我们是好的领导者，而是他们别无选择，那么，我们就没有发挥领导力的效能。

如果下属不是心甘情愿地跟随领导者，那么他们的行为很可能是：用最少的付出来开展工作，尽量做得更少些、更简单些。如果下属不愿付出最大努力和才能，那么组织自然就无法有效运转，企业也无法实现卓越发展。实际上，下属给了领导者一个学习、发展和践行领导力的机会。

领导力的第二个层级，是通过建立和发展人际关系去领导。在这一级，下属不是因为没有选择而跟随领导者，而是他们愿意，他们想要追随领导者。这和第一级有天壤之别。在这一级，下属开始付出他们的精力，发挥他们的能量。

如果领导者想要下属付出100%的努力，那么必须和他们建立良好的人际关系。正如一句格言所说："只有当人们知道你有多么在乎他们时，他们才会多么在乎你的想法。"领导者开始注重和下属建立连接，积极发展人际关系，这是领导力的基础。因为领导力的实质，就是影响力。要影响他人，领导者就必须走到他们中间，和他们建立连接。

有一句话是："领导者是孤独的，因为他站在山顶上。"而优秀的领导者会从"山顶"上走下来，走到下属中间去，和他们建立连接。而当领导者再次回到"山顶"时，他就不再是一个人，就不再孤独，因为其后会有跟随者。

有效的二级领导力，需要领导者做好3件事。

第一件事：倾听。听比说更重要，更优先。二级领导者需要做的是：倾听，了解，然后领导；再倾听，再了解，然后再领导。优秀的领导者能够通过不断的倾听来得到有效发挥领导力的线索。

第二件事：提问。好的领导者，必须懂得如何提出好问题。管理者和领导者的区别是，管理者用统一的方法来管理人，以追求效率，他们不会顾及个体的差异；领导者则用不同的方法来领导不同的人，因为他们明白追随他们的人各自有不同的原因。

领导者会关心个体的性情、动机、梦想等。好的领导者能够提出关键性的问题并倾听，最大限度地激发员工的潜能。

第三件事：观察。优秀的领导者和下属进行有效连接的方式，除了提出好的问题并有效地倾听外，还包括对下属进行观察。就像一个篮球教练，其角色并不是去教队员如何投篮。优秀的教练往往坐在一旁，观察他的球员们在场上的表现。一段时间后，教练走到球员面前告诉他，哪个区域是他投篮命中率最高的，然后建议他只在这个区域内投篮。同时教练会告诉其他球员，当这位球员跑到目标区域时，一定要传球给他。

领导力的第三个层级，是通过绩效赢得在团队中的信任和声誉，在二级领导力的基础上产出绩效。下属追随一位领导者，是因为其为组织创造了价值，公司因其而变得更好。人们谈论起他，可能会说："他来之前，我们公司的业绩是亏损的，由于他的到来，我们开始盈利了，员工的士气也大大改善了。"因此下属会对领导者表示尊敬。也就是说，三级领导者是通过绩效赢得在团队中的信任和声誉的。

三级领导者必须做好以下 3 件事：

（1）以身作则，树立榜样。人们会效仿他们所亲眼看见的好的行为。“榜样”是领导力的核心，人们需要“视觉领袖”，而不是“意见领袖”。

（2）创造势能。当公司业绩处于上升期、士气旺盛时，许多问题都会被忽略。但是，当公司的业绩持续下降、士气低落时，问题都会随之出现。这就是势能的作用。当一列火车以 160km/h 的速度行驶时，前面有一堵 5 厘米厚的混凝土墙，火车可以毫不费力地推倒它，并继续前行；但如果火车的速度为 5km/h，那么，一块 5 厘米厚的砖块挡在车轮下，火车就会停滞不前，因为火车失去了势能。当业绩开始下滑或者危机来临时，才是真正考验领导者的领导力水平的时候。

（3）成为“人才磁石”，吸引更优秀的人。三级领导者产出结果，除了以身作则和创造势能外，领导者还必须努力去吸引更优秀的人才加入。

领导力的第四个层级，是实现组织领导力的复制和倍增。很多领导者会止步于三级领导力，以为有了绩效就有了一切。但是，停留在第三级，意味着领导者的潜力尚未被完全激发出来。企业要产生倍增效应，就需要第四级领导力，这是培养和发展人才的能力。当领导者以培养和发展人作为工作的重点时，就从“做加法”变成了“做乘法”，因为领导者在企业中复制自己的领导力，就会产生倍增效应。

领导力的第五个层级，是领导力自动生发的过程，这是卓越领导力的象征。在这个级别上，人们追随一位领导者，只因为领导者本人具有个人魅力和吸引力。这时，领导者的影响力会超出组织边界，领导者可能会树立起行业的标杆，甚至会改变整个行业。

3. 将才之道

中层管理者作为公司的骨干，是连接高层和基层的腰部力量，向上承接战略方向，向下落地战略执行。战略方向有时很抽象，而中层管理者接收到的大多是高自由度的问题，因此中层管理者需要把它拆解并转为下属能听得懂、做得到的行动计划。例如，企业上半年的战略方向是渠道转型，中层管理者就要针对此制订一个能让下属具体执行的战略方案。

战略落地需要经过 4 个步骤：头脑风暴、计算“绩效积木”、进行可行性验证、和下属们的工作任务对齐，这样才能把战略从只有抽象、笼统的目标，落地到具体、清晰的路径。

第一步，头脑风暴。中层管理者在收到高层管理者下达的战略目标时，先不要急着把目标按人头分配给下属，也不要自我设限。中层管理者可以立即召集核心团队，开展一次战略落地的头脑风暴，让团队成员写出所有可以支持战略目标达成的措施。

例如在进行头脑风暴时，中层管理者可以让下属给出以下问题的解决方案：怎么带来更多的客流？怎么提高成交率？怎么提高客户每次购买的商品数量？怎么提高商品的单价？怎么提高客户的复购率？

第二步，计算“绩效积木”。有了好的想法还不够，中层管理者还要计算“绩效积木”，例如可以贡献多少业绩？要消耗多少资源？

“绩效积木”是一个比喻，它是指为了达成目标而采取的行动，就好比搭建房子模型的一块块积木。中层管理者需要计算出来所有的“积木”搭在一起之后能不能达到目标，否则，这个战略计划从开始就注定是失败的。如果所有的“绩效积木”叠加在一起还无法完成目标，那么中层管理者就要向上反馈这个情况，寻求公司额外的资源支持。

第三步，进行可行性验证。在计算“绩效积木”的时候，中层管理者要进行可行性验证。当中层管理者带领团队做战略拆解时，最好能邀请跨部门的同事一起参与。一方面，可以更容易地帮助中层管理者发现计划上的可行性漏洞；另一方面，也能加强跨部门的沟通，帮助中层管理者在未来执行战略计划时减少阻力。

第四步，也是最关键的一步，和下属们的工作任务对齐。中层管理者要调配资源，将目标任务分配下去。将战略拆解为计划表后，如何把战略变成目标，再把目标变成任务分下去呢？

下面给大家介绍一个目标制定的“一二三法则”，即一个原则、两个标准、三个动作。

（1）一个原则。目标制定有一个总原则，即“好地种好粮”，平均主义反而是不公平的。这时候，中层管理者首先要对人员进行调配，让优秀的员工或团队承担更高的责任，做出更多的业绩。

（2）两个标准。即“跑赢大盘”和“跑赢自己过往”，两者取其高。“跑赢大盘”和“跑赢自己过往”，就是好的目标的标准。当然中层管理者也可以调整机制，在收益方面实现存量放缓、增量提速。在存量市场，调低分红的比例，增加议价；在增量市场，增加分红比例，增设高额的超产奖，用原有市场的分红比例议价置换增量市场。

（3）三个动作。即分目标是一个把“抓手”找出来的过程，分目标是一个持续迭代的过程，分目标更重要的是把责任感分下去。

10.2　高维度经营的布局者：企业银行家

企业银行家能够推动集团公司金融战略转型。企业银行家是金融经营的 CEO，金融经营的布道者，金融体系蓝图总设计师，金融管理架构设计师和管理者。通过体系设计，企业银行家能够创造出庞大的现金流。

企业银行家能在保护股东的基础上，启动“造血发动机”，消化融资成本，规避融资风险，助力产业链生态圈建设，并为跨业态发展输出资金、商业逻辑、治理结构和管理模式。企业银行家能够结合产业链生态圈，在产业链金融体系和内部管理层面进行架构设计，强化关键环节控制力度，以确保金融战略优质高效运行。

企业银行家是对 CFO（首席财务官）的一个重新定义，实现了企业多维度盈利。企业银行家将实业利润拓展到政策利润、现金流、金融估值。

10.3 “产业链金融 6S 思维”模型

企业银行家需要具备 6 种思维，笔者称为“产业链金融 6S 思维”模型，如图 10-1 所示。企业银行家属于实战派、风险控制派和创新派。

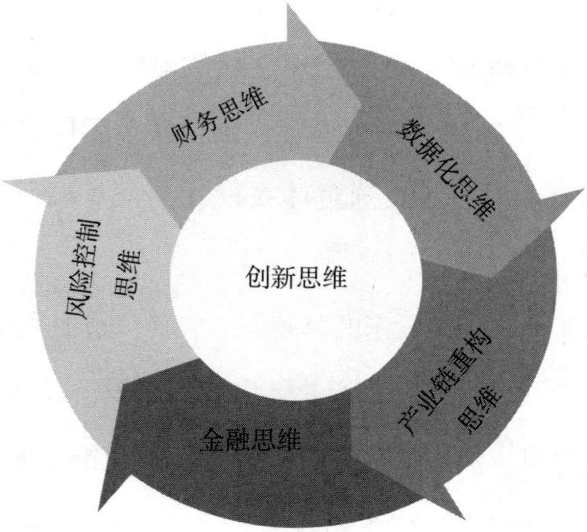

图 10-1 “产业链金融 6S 思维”模型

企业银行家的思维决定了其视野的战略高度、金融战略实施效果。在工作中，企业银行家需要将 6 种思维融会贯通，以实践指导实践，其内在逻辑关系如图 10-2 所示。

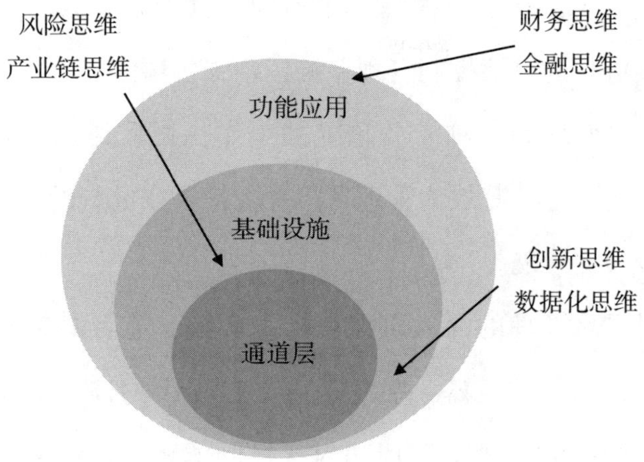

图 10-2　“产业链金融 6S 思维逻辑关系”模型

数据化是数据流转化为现金流的技术通道，是决定企业银行家金融操作高度的重要指标。产业链上的实体公司承载金融资金落地基础单元，产业链条上业务闭环规避金融风险，通过产业链条中庞大的业务整合更多的金融资源。集团财务是金融战略的制定和过程控制单元，金融板块是企业对接银行的中间层，通过金融或财务为主业提供新的商业模式，促进主业的发展。

下面对风险控制能力、数据化能力和创新能力进行介绍。

1. 风险控制能力

企业要让专业线路体系和经营体系交叉运行，既确保发挥专业技能和执行力，又能够让专业线路和经营密切结合，还能够起到相互制衡的作用。此外，配合干部轮岗制度，既能够有效激活组织，又能避免小团队出现，降低企业的无意义内耗。

我们正身处百年未有之大变局之中，第四次科技革命以指数级速度推动经济发展，企业唯有敢于创新，才能顺应变革和经济发展的趋势。企业在创新中会面临许多不确定性因素，因而企业需要构建一套切实可行的风险控制管理系统以增强抗风险能力。

企业风险管理是一项十分重要的工作，关系到企业的持续、健康、稳定发展，科学有效地管理风险是现代企业成熟的重要标志，也是企业竞争力的体现。

通过对风险管理的深入研究和切身实践，笔者对集团公司建立风险管理体系有一些见解，在此基础上提出了构建“立体+面+线”相结合的三位一体的风险管理和内部控制体系。具体来说，就是通过搭建“四道风险控制防线”来构建立体的风险控制矩阵，通过搭建“内部激励三要素”来构建风险控制网络，通过在运营单元中建立“内部制衡三要素”来形成风险控制价值线。

集团公司高维度经营、构建企业价值链和生态体系，以及财经系统转型等内容，均属于一个大体系中的不同组成部分。“产业链金融 6S 思维”模型中就包含风险控制思维。

优秀的集团公司的经营要分为几个方阵，实业经营位于最前沿的第一方阵，而现金流经营等内容则属于第二方阵。在第二和第三方阵里面的经营内容可以用“两条腿”来形容：一条腿是用业务量来“走路”，另外一条腿是用风险控制来“走路”。从这个角度来看，风险控制占据高维度经营的半壁江山。

风险控制是一门学科，在学术上又具体划分为风险管理和内部控制，它有独特的原理、方法和流程。如果将第一方阵的风险控制逻辑照搬套用到第二、第三方阵中，不会产生理想的效果。

企业要了解风险控制的来龙去脉。可以说，风险控制的历史源远流长，工业化对风险控制产生了深远的影响。

首先，我们从它的起源和主流理论体系说起。

企业风险管理和内部控制产生源于委托代理机制。按照控制理论来讲，企业最根本的控制主体是股东，董事会是股东的代理，经理层是董事会的代理。因而，企业需要建立一种有效的机制来规范被委托人的行为，以制约、检查和监督企业生产经营活动和相关财务行为。

当今社会在风险控制领域有 3 大流派，分别是美国 COSO 委员会、国际标准化组织 ISO、巴塞尔银行监管委员会。第一个流派统揽了资本市场的监管；第二个流派掌握行业标准化规则的制定；第三个流派统领银行业的监管规则。在风险控制活动中，企业既不能盲目套用这些理论，也不能在控制措施和手段上对控制要素“一刀切”，而是要因地制宜地采取措施。

其次，我们再回顾一下国外资本市场风险管理和内部控制历史沿革。

1992 年，美国 COSO 委员会发布《内部控制整合框架》，这是指导企业内部控制理论和实践的首部大作，得到了美国证监会（SEC）的认可，并被指定为在美上市公司内控体系建设的指导框架。

2001 年，美国最大的能源公司安然公司破产，从事安然公司审计的安达信会计师事务所销毁了与安然公司有关的审计档案，之后又发生了一系列的大型上市公司财务造假事件。这些事件给资本市场带来了巨大的震动。

为了维护美国资本市场的稳定，美国监管机构颁布了《萨班斯—奥克斯利法案》，此法案要求 CEO、CFO 等公司高管签署保证财务报告真实性的声明，公司高管需对财务报告真实性负责，如果提供不真实的财务报告将承担刑事责任。

这些年来，COSO 架构不断优化，逐渐实现了由“控制框架”向“管理框架”的转变。“管理框架”从企业使命、企业愿景、核心价值观出发，强调将风险控制嵌入企业管理业务活动和核心价值链中，最终目的是提升企业的价值和业绩。

国外的这些理论体系是通过“三道防线”来落地实施的，它们不仅广泛应用于金融银行业，也被一般的企业引入，用于进行风险管理。

第一道防线：业务部门，即企业经营管理中和外部市场接触的部门，负责在日常经营管理中做好风险点的摸排和规避，如销售部门、采购部门等。

第二道防线：支持职能部门，即可以协助一线核心业务部门进行风险控制的部门，比如风控、内控、法务、财务、人力、质量、安全等部门。

第三道防线：保证职能部门，即独立审计和监督部门，包括内部审计和外部审计，部分企业还有纪检和监察部门。

在笔者看来，国外的这三道防线能够更好地划分不同的职能部门在管理风险时的不同职责。它的核心是第一道执行防线和第三道监督防线，如果按照这个思路在国内搭建风险控制体系，风险控制的实际优化空间有限。

最后，我们再来了解一下国内风险管理和内部控制现状。

从内控理论的来源来看，相关部门颁布的《企业内部控制基本规范》借鉴了COSO组织在1992年发布的《内部控制整合框架》。从推动风险管理和内部控制的主体来看，有关部门推动着非金融领域企业的风险管理工作，财政部和证监会推动着上市公司的内部控制工作，银监会和保监会推动着银行和保险等金融企业的风险管理和内部控制工作。

国有企业每年需要向相关部门提交《年度风险管理报告》和《年度内部控制评价报告》，上市公司每年需要对外披露《年度内部控制评价报告》和《年度内部控制审计报告》。从从事风险管理和内部控制的专业人员来看，以财务出身的一类人遵循的理论主要来自COSO架构，按照相关规定，以内部控制为主导，兼顾风险管理；以管理咨询出身的另外一类人遵循的理论主要来自ISO，按照相关规定，有的以风险管理为依托，也有的以质量管理等标准为依托，偏重管理体系和策略，兼顾内部控制。

国内的这些理论体系也是通过“三道防线”来落地实施，这三道防线的内容较国外不同。《中央企业全面风险管理指引》中相关内容指出企业要建立以下三道防线。

第一道防线：有关职能部门和业务单元。

第二道防线：风险管理职能部门和董事会下设的风险管理委员会。

第三道防线：内部审计部门和董事会下设的审计委员会。

在笔者看来，在实际操作中这三道防线很难划分清楚。例如，质量检测部门、信息安全管理部门、财务部门，它们到底属于第一道防线还是第二道防线？

在实际操作中，风险控制体系与经营团队之间容易形成监督和被监督“两张皮”的局面，这对经营和风险控制都极为不利。企业如何运用三道防线在新时代实现变革发展，并进行优化调整，需要企业进一步研究、思考。

在引进国外的风险、内控理论和实践体系后，企业还需要结合自身的实际情况对其加以调整、改造，这样才能发挥它的价值。我将这个过程归纳为 3 个步骤：消化、吸收和创新。

首先，融入民族性才能更好地“消化”。

一是结合我们的民族文化，顺势而为。我们的民族文化以人为本、尊重人性，在管理上强调要基于人性、适应人性，因而和民族文化相结合的理论体系能够巧妙解决一些艰难的选择。例如任正非的“灰度管理哲学”，他以此作为认识世界与改造世界的“思想工具”，并付诸华为的经营管理实践。

二是结合集中管理和兼容并蓄共存的理念。

三是结合员工对规章制度运行的理念。如果规章制度不合理或者不被理解，这样的制度难以得到贯彻执行。在笔者看来，优秀公司的风险控制绝对不是通过对员工的控制来实现的，而规章制度只是员工行为准则的最低标准，实际工作结果要高于这个标准。

其次，融入企业经营体系才能更好地“吸收”。

一是融入企业文化和管理体系中。将风险管理和内部控制直接嵌入企业内部架构、企业文化中，最终融入企业日常业务行为中，进而实现“力出一孔，利出一孔”的良好局面。

在风险管理和内部控制方面，笔者主张“拍皮球”的思维逻辑。管理者带队伍犹如“拍皮球”，既要想办法让“皮球”内部产生压力，让员工心甘情愿地工作，还要让员工放松，并培养他们，以充实“皮球”的厚度，让皮球可以长期变大，这样才有利于企业的长期发展。

二是融入企业的核心价值流中。传统风险管理主要的目标是防范损失。如果我们能够更好地把握风险，我们就可以利用风险管理创造价值，做到既能保护价值又能创造价值。在当前不确定的环境下，我们还要学会如何与风险共处。

三是融入企业信息化当中。经过多年的发展，企业风险管理开始从线下走到线上，企业业务和企业管理都实现信息化，风险控制作为管理的一部分，自然也需要信息化。互联网企业及互联网金融机构、商业银行以及科技公司已经能够利用信息系统检测风险、管控风险，随着工业互联网时代的到来，企业的风险控制也要搭上这趟列车。

最后，构建“立体+面+线”相结合的三位一体的“创新”的风险控制体系。

一方面，通过搭建“四道风险控制防线”来构建立体的风险控制矩阵。

第一道防线：通过双层治理架构体系及企业文化，推动风险控制向自动化管理迈进。

在企业管理学中，有两个著名的理论，其中一个是“囚徒困境”，该理论启示我们合理设置或改变游戏规则就能自发实现组织的管理目标。另外一个是“智猪博弈”理论，该理论启示我们控制参量是规则设计的关键，合理设计和改变游戏规则及相关参数就能够自动实现管理目标。

在法人层级方面，企业要建立完善的法人治理结构。这是现代企业制度的核心，这也是对抗“野蛮人”的关键所在。其中包括：股东会怎么开？董事会如何运行？监事会如何产生作用？总经理是聘任还是招募？法人层级要方便股权运作和资本运作。

在管理层级方面，企业既要努力将企业风险控制提升到架构层面，预先设计博弈机构，引导博弈结果，又要努力提升“集团公司一盘棋”运作的能力，具有协作思维和集中力量办大事的能力。企业要通过文化将员工凝聚起来，激活员工的主人翁精神，实现共同目标。

第二道防线：经营体系要具有风险管控的能力，在高风险业务领域还要配备专业风险岗位人员。

第三道防线：财务体系要进行全过程管控。在这方面，既要实现总部财务部对下属单位财务部业务的直接管理、人员的垂直领导，以便在集团层面实现对财经系统的牢牢掌控；又要结合财务的全过程数据支持，向业务经营单元输出价值。

第四道防线：独立健全的审计监察体系。这一防线能促使管理层和经营层的作风和操作方法透明规范，以阳光、积极、透明的行为规范要求自己，恪守职业道德和行为规范，始终保持正向的心态和奋发进取的职业精神。

组织系统和企业文化层面以及各系统的关系如图 10-3 所示。

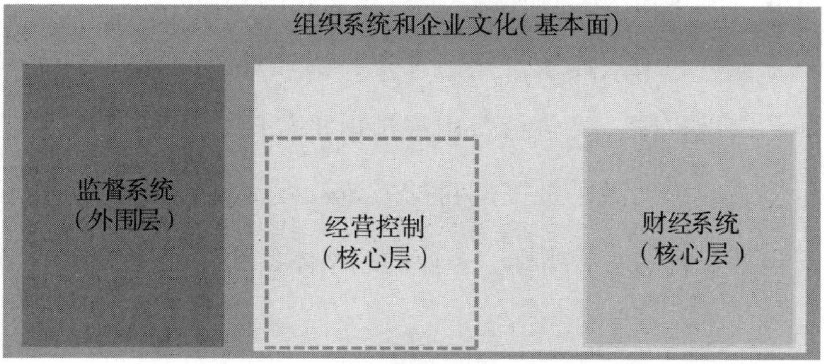

图 10-3　组织系统和企业文化层面以及各系统的关系

另一方面，企业要搭建“风险激励三要素”模型来构建风险控制网。

一是战略体系，战略决定组织结构和文化。当今社会的竞争，已经不仅仅是大生产时代产品层面的低维度竞争了，而是更高层面的多维度竞争。当今社会，许多传统行业已经进入了微利经营甚至无利经营的阶段。况且随着第四次工业革命的到来，新技术的出现很容易打破旧有的产业平衡，电动汽车特斯拉就是一个有代表性的例子。

在接下来的时间里，处于低维度的企业，不仅面临消费结构的升级，还面临着由低维度经营进入高维度经营的瓶颈。例如，复星是一家专业化的中国多产业控股公司，在它的团队决策机制中，专业人士和最高领导者的权重比较大，从而通过采纳专业人士的意见，提升管理效果。

二是组织体系和文化品牌系统。组织结构和文化品牌是企业发展战略的支撑。搭建了组织结构，企业就有了“血肉之躯”；搭建了文化品牌体系，企业架构就有了“思想和灵魂”。制度上升为文化才真正有效，文化是制度的内涵，制度是文化的外显。

三是权责和绩效体系。我们首先要明确资源调配的权限，其既包括业务审批权限，又包括费用报销审批权限。企业要通过搭建绩效评价体系，达到激励员工的目的。绩效评价既包括短期的利润指标，又包括长远的发展指标。企业的战略体系如图 10-4 所示。

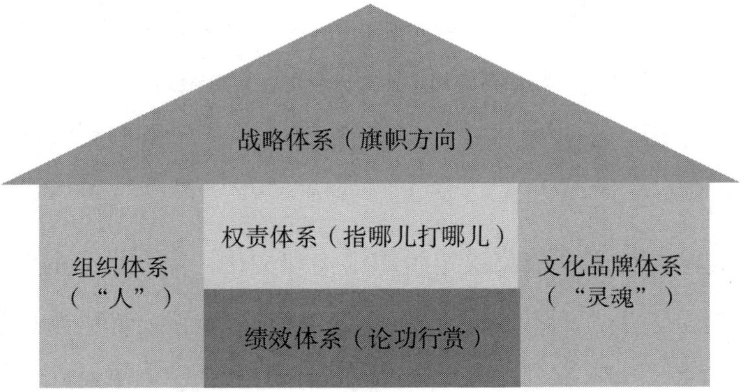

图 10-4　企业的战略体系

在运营单元层面，企业要构建“内部制衡三要素”模型来构建风险控制线：

一是集团总部直管财权，在经营层面实现经营权和财权分离；

二是经营权下放到一线，让基层人员直接做经营决策；

三是专业线路体系和经营体系交叉管理和运行。

在未来的发展中，企业尤其要关注潜在的风险。在这个大变革的时代，机遇和挑战共存，大型公司尤其要关注自己是否还停留在工业大生产时代的发展思维中。高成长的公司都是顺应趋势而发展起来的，大型集团的战略需要契合国家战略和时代发展步伐。对此，笔者有以下 3 点建议：

（1）引领企业战略的思想能够拥抱未来。如果企业的发展战略还停留在工业化和城市化的早期，企业很容易处于低维度竞争状态，因此需要想办法作出改变。企业需要选拔领军人物，领军人物带领核心骨干在一个文化理念下朝着共同的目标而努力，假以时日就会发生一定的改变。

企业处于较低的发展维度，就会很被动，例如随着互联网科技的飞速发展，传统的超市三巨头被新零售整合，沃尔玛成为京东第三大股东，家乐福纳入苏宁体系，大润发被纳入阿里体系。大润发的创始人黄明端表示他战胜了所有对手，却输给了时代，这个时代就是新零售时代。

（2）企业调整是一个动态、长期的工作，需要企业家的引领、高管团队的全力以赴，以及全体员工的不断努力。

任何重大的业务创新转型都会涉及架构调整、工作重新分工、技能的重新学习，但是有人不愿意作出改变，因为只要改变就会有冲突。这就考验组织体系和企业文化对创新的适应能力，也考验企业家的决断力，因为只有企业家有能力处理组织的问题。此外，这也考验引领企业创新的人的耐力、毅力等。

例如，柯达是商业历史上著名的转型失败案例之一。柯达根本的障碍不在于战略洞见，而是如何打破组织惯性，如何从以胶片部门为中心转变为以数字部门为中心。柯达转型失败不是一个战略洞见失败，而是组织调整的失败。

（3）以不断地调整改良来代替改革。企业成长、发展的动力来自创新。而创新有两条途径：一是改革，通过解构打破原有的利益格局，形成新的成长动力；二是改良，通过持续的优化原有的运作机制，保持原有运作机制的活力。在公司高速发展的过程中，轰轰烈烈的剧变可能会“撕裂”公司，所以要在“撕裂”和不“撕裂”中把握好度，其中比较好的做法就是通过不间断的改良来逐渐实现改革的目的。

如今，很多企业都面临着未来发展的重大机遇和严峻挑战。古语有云：“恩生于害，害生于恩。”企业经营者要抱有一颗平常心，以积极乐观的心态去看待和应对动态的不确定因素。企业改革受外在经济形势的影响，具有艰巨性、复杂性、长期性，同时面临紧迫性，在推进企业改革深化的同时，企业还需要强化风险管理体系建设。

很多企业也面临着企业传承和在新的经济格局中实现接班人的二次创业等问题，这既涉及企业组织思想的进化，又涉及在新技术和新模式下的二次创业。在企业家个人法律和财产风险方面，企业家和企业之间要有一道风险控制墙，以保护企业家的利益。

2. 数据化能力

在新冠疫情的影响下，全球化发展受到了一定的阻碍，于是互联网的数据化能力就充分体现出来了。在数字化时代，企业要提高组织架构的成熟度，实现智慧化治理，提升组织韧性，建设具有互联网属性的组织。

很多传统企业向互联网企业转型需要经过一个过程，而传统企业需要用好互联网技术，提高自身的技术成熟度。技术成熟度可以衡量城市的技术发展水平，这些技术应该是具备规模化应用能力或已经投入使用的成熟技术。

当前以大数据、云计算、人工智能等技术为代表的新一代信息技术逐步渗透到城市中的各种生活场景，数字经济成为支撑城市高质量发展的关键因素之一，因此人们更为关注移动互联网、数字产业等体现城市数字化发展程度的变量，例如“移动电话普及率”“移动支付”“数字中国”“专利授权”等变量。

数据化正在重构工业时代原有的价值链条和产业格局，创造全新的产业生态和经济模式，每一位从业者和创业者都希望能够把握大数据时代所带来的发展机遇。

如今，我们身处于一个伟大的变革时代，随着 5G、人工智能等新兴技术的蓬勃兴起，在线教育、远程医疗等“非接触经济”全面提速，深刻地改变了人们的思维方式和生活方式。新冠疫情更是加速了数字时代的到来，数字化转型已成为越来越多企业的核心战略内容之一。

笔者很有兴趣也很开心能够探讨一些时代主题，但想要在较短的时间内将其彻底研究明白，还是有一定难度的。不同的人有不同的视角，下面以笔者对数据化的理解为切入点和大家进行探讨。

在笔者的职业生涯里，笔者经历了一个多元化集团公司数据化建设的 4 个阶段。

第一个阶段，在局域网上启用单机版 ERP（企业资源计划），开启数字化基础阶段。

在这个阶段，笔者是以使用者的身份参与其中的。从电脑应用到经营，每一个分、子公司都拥有一台 ERP 主机，相关公司根据业态的不同，启用的软件模块也有所不同，但通常会启用财务、物流、销售、采购、生产和技术等模块。

这对公司的运营和管理起到积极的作用，能够让各部门在同一个 ERP 系统中进行业务操作，实现经营过程中的数据化管理。但这也存在一定的不足之处，各经营单元内部和各单元之间存在信息孤岛。虽然分、子公司定期通过邮件将数据上报给集团总部，但也无法实现数据的自动整合。

第二个阶段，在互联网上启用了“中台战略”，进入了数字化的培育阶段。这一阶段也是很多企业都要经历的阶段。

在这个阶段，笔者参与了所负责的区域内近 30 家公司的 ERP 信息化上线工作。在此期间国内光纤得到普及，为了打破存在于各公司和部门之间的信息孤岛，具备条件的公司由单机版 ERP 转变为网络版 ERP，从每个分、子公司拥有一台服务器转为共享总部的服务器。分、子公司的电脑成为操作终端，总部的服务器便成了服务中台。

在此期间，企业也启用了 OA 等许多软件。这么做在一定程度上加快了资产数据化的进程，但不同软件之间的数据还不能自由转换，数据资产化的价值还有待进一步挖掘。

第三个阶段，在移动互联网和人工智能等工具上启动产业数字化平台建设，进入了数字之上的信息化和智能化快速发展阶段。

在这个阶段，笔者在集团层面以战略策划者的身份参与其中。以云计算、大数据、移动互联网、物联网、人工智能为代表的应用技术爆发式发展，集团从以国内软件主导核心数据化系统向以甲骨文为主导的核心数据化平台系统转变，并在国内所有业态中启用。

在大量资金的投入下，通过引入外部顾问和技术支持，企业厘清了基础平台、技术中台、业务中台、业务系统之间的关系，实现了流程在信息系统中的不可逆操作，也打通了各软件之间的信息孤岛，实现了数据的智能化分析以及数据向资产的转变。

第四个阶段，数字化持续迭代提升的过程。

经过迭代，企业已经形成了一个云、N 平台、M 应用的应用生态，形成了制造和服务、线上和线下、创新和创业 3 方面结合的体系建设，并已经获得了数据化转型的效益。这也增强了供应链的管理能力，增加金融对产业的赋能，增加品牌市场的能力，增加科技引领的能力，从而让各产业释放更多的价值。在这个阶段，企业彻底实现了产品的全生命周期管理，建成了产品的可追溯体系。

笔者现在回想起来，信息化建设的过程还历历在目。但从总体上来看，企业数据化转型之路很不容易，需要所有员工的全力以赴与密切配合。笔者在集团数据化转型中有一些体会，下面与大家分享其中的 3 点：

首先，董事长和 CEO 的革新决心和力度至关重要。

即使拥有了最好的技术、最好的工程师、最好的算法，企业也未必能够顺利转型。转型就会涉及改变，信息化转型往往和企业战略、组织架构转型一并进行，如果企业的思想不够灵活、身段不够柔软，企业转型就会很困难。

数据化转型中最难的不是技术、资金问题，而是人的问题。这些阻力需要董事长和 CEO 的参与才能够克服。这就需要企业将创新文化深植于企业组织中，让人们愿意放下包袱，愿意倾听意见和修正自己的观点。

其次，中高层管理团队同心执行数据化战略。

全面信息化建设是一个庞大复杂的工程，覆盖全集团、全业态，在这个过程中，要确保公司经营业绩满足上市公司市值管理的基本要求，还要确保战略转型、组织转型和信息化转型之间的协调。在经济下行、行业竞争激烈的大环境下，这对于中高层管理者而言是一个极大的挑战。因而，中高层管理者需要发挥职业经理人素养，同心执行数据化战略，全力以赴。

最后，数据转型需要一线员工坚持不懈的努力。

在硬件设施方面，经济落后地区的公司启用光纤有一定的难度。在员工操作方面，要让国内外所有员工熟练操作数据化软件则有很大的难度。在信息化平台构建方面，对上百个系统软件进行重新设计和规划，同时保证原有的业务正常开展的难度很大。

如今，基于 SaaS（软件即服务）技术和区域链技术，很多难题都能够被轻易地解决，企业的数字化转型进程也进一步加快。如果企业出现下列任意一种情形，就亟须进行数字化转型。

情形一：按照传统熟悉的做法无法实现企业经营的目标。

按照现有的做法去做，如果未能达到目标，企业就要思考是否有一些工具或手段没有用好。尤其是对于一些重资产企业而言，数字化转型是一个很好的选择。它们熟悉行业发展情况，一旦使用了新技术、新模式，那么发展潜力是巨大的。

情形二：面临跨境入侵者的威胁。

在数字经济时代，生态系统可以跨行业和跨业态整合，例如互联网企业给传统零售企业带来的改变。一旦行业内出现了新的技术，企业就要敢于创新，敢于和竞争对手进行竞争，以形成自己的竞争优势。

情形三：同业竞争对手在数字化进程中即将获得突破。

如果我们的同行在数字化转型方面超过了我们，就会打破以前的竞争平衡，因此我们就更需要重塑竞争优势。

情形四：想成为行业引领者的企业。

行业的引领者一定是引领行业变化的企业，这类企业的战略需要契合时代发展趋势。这类企业思想灵活、身段柔软，具备自动变革创新的能力。

企业要有清晰的数据化转型商业逻辑和价值主张，在现有的业务模式上，发现一个崭新的市场。有的公司开创了一个新的商业模式，要么不敢进入，要么进入之后在第二年就想获得收益。

如果一个新的商业模式这么容易带来价值，那么这就意味着企业不小心进入了一个红海市场，这只是效率上的优势带来的价值，而不是真正开创了一个新的商业模式。每个企业可以思考一下这个问题：数据资产是正资产，还是负资产？如果企业的商业逻辑和价值主张不清晰，企业的数据化建设就会失去方向。我们要将其引向能够发挥“三大商业价值”的方向进行重构。

第一个价值，数据化拓宽了实业经营的扇面。

企业要既能做到降本、增效、持续创造价值，又能推动工业自动化向智能制造转变，还能以数据化整合产业链，衍生出“数据经营”并拥有主导权。大型集团可以将数据部门调整为产品运营单位，直接创造价值；还可以将集团信息化团队拆分为两个团队，使熟悉业务又懂 IT 的员工在集团信息职能部门任职，使 IT 实施与运维骨干技术人员组建一个数据化公司，独立负责数字化事宜。

这样可以避免 IT 技术人员既做甲方又做乙方，其核心职能可以定位为，为本集团做好数据化服务。IT 技术人员还要服务于产业链上下游关联单位，努力成为产业链上信息化集成服务商。在细分市场方面，有 BPM（业务流程管理）、OA 等系统，例如 ERP 管企业的钱，MES（生产信息化管理系统）管生产制造。软件的分工已经越来越明确，但是还缺少不同软件集成的接口。可以说谁做到了信息集成，谁便占领了信息化系统数据接口层面的流量入口。

“科技+数据化”还深刻影响未来投资格局。对于投资集团而言，对于智能化生态这个巨大的市场，既可以投资固定资产，又可以投资软件，还可以投资运算等。站在未来的角度来看，这就像以前投资电力相关的基础设施都属于基础层面的投资一样。

第二个价值，打通现金流经营的通道，做到让企业有钱。

从企业内源融资视角来看，这是快速实现资产证券化的途径。企业不同形态的资产在一定条件下便可以转换为流动资金，这个条件就是企业的单据流、物流能够快速向信息流转化，这也就是企业信息化。

笔者在“面对疫情和新基建，集团公司资金流经营之道”访谈中介绍了要在资金提供方和需求方之间构建一个金融体系，以便进行现金流经营。这个庞大的体系需要信息进行支撑，当今已经有许多的企业做到了这些。

第三个价值，打通高估值金融经营的通道，做到让企业值钱。

注册制改变了资本市场的原有市场逻辑，具体表现在股票估值方面就是会呈现“冰火两重天”的局面，拥有未来发展潜力的企业将获得资本的青睐，但很多企业如果不进行改变将难以在股票市场中获得融资。

从组织行为学的视角来看，企业是人格化的，进行全产业链运营的公司也是人格化的，而劳动力和消费者更是实实在在的人。这就使得企业需要协调好这四个“人”之间的关系，而信息技术作为组织内的神经单元发挥着链接和感应的作用。

数据化思维是“产业链金融 6S 思维”的要素之一，它在这个体系中发挥着“通道层”神经网络的作用。身处传统经营的企业很容易面临战略同质化、技术同质化、产品同质化、营销同质化的红海竞争局面，很容易让企业处于微利经营甚至无利经营的状态。因而笔者提出了要努力提高企业的经营维度，既要对组织内部架构优化调整，又要对产业链架构进行重构，以构建高维度经营的生态体系。这就需要将数据化神经单元注入组织内，让组织系统既有活力，又有智慧。

每一个参与数据化的工作者都要想办法让数据化软着陆。笔者认为数据化的建设是一个非常复杂的系统工程，既要有前瞻性的预测能力，还要具备系统化的思考能力，更需要辩证化的借鉴技能。因此，笔者提出了数据化建设“一个战略引导+七个支柱+七步走”的路径图。

首先，这是一次工具和决策的革命，需要以战略驱动数字化转型。

数字化转型带来的是一种原有模式的颠覆性的改造或颠覆性的创新，因而这是企业的一把手工程。企业的一把手需要站在企业战略发展的角度上统一顶层设计，统一规划，并系统推进，这样才会获得成功。如果各部门分头去实施数据化，那么很难产生效果。

其次，构建数据化建设“七支柱”。

最终检验信息化是否成功的闭环标准是：管理流程化、流程表单化、表单信息化、信息数据化、数据共享化、共享智能化。数据化“七支柱”是指：信息化、自动化、可视化、互联互通化、共享化、金融化（或数据化）、智能化。

我们不能将数字化和信息化完全等同。信息化是以流程再造和流程重构来驱动，而数字化主要是在信息化流程的基础上，对数据的进一步挖掘和智能化，其轻管控而重分析。

自动化设备和流程是追求管理和效率诉求指标，金融化是追求直接价值诉求的指标，智能化则是追求未来发展诉求的指标。“七支柱”构成了一个相互促进发展的系统。

最后，坚持数据化建设“七步走”。

第一步，引入外部顾问，建立核心成员对数据化认知。

外部顾问的引入能够协助企业对信息化产生系统的认知，协助企业高层规划转型体系，并在落地的时候给予团队不断的辅导和复盘支持。

第二步，进行数据化价值宣传，提高公司对信息化重要性的认知。

传统行业的数字化转型的关键在于人的思维理念，对人挑战最大的不是经济变革，也不是技术变革，而是世界观的变革。信息化转型最大的障碍是人们的惯性思维，因而要改变人们的惯性思维。

企业信息化不仅要实现产品信息化、组织信息化，还要实现核心人员思维信息化。一个庞大的集团要想在既有模式上进行转型是极其艰难的，例如苏宁易购的信息化之路很艰辛，最后还是通过跟阿里巴巴的战略合作才找到了方向。

第三步，组建企业数据化团队，在成熟的业务中进行信息化方案试点。

企业要选择信息化建设的引领者，使其拥有一定的独立主导权，能够挑选自己信得过的队友。此外，还需要配套不同于公司 KPI 绩效考核体系的 OKR 考核体系。

企业数据化的过程不是简单地实现效率的提升。企业急需要以成功的试点结果来增强团队对数据化的信心，因而企业要选择能够确保第一次试点成功和验证实验效果的业务做试点，从一个切入点打开企业数字化的突破口。

第四步，复盘阶段性效果，并修正和调整信息化实施方案。

复盘就是不断总结试错的结果，这个结果有可能是好的，也有可能是坏的。但通过复盘，便可以实现持续迭代。如果结果是坏的，企业便要调整方向，再进行迭代。

在这个阶段，CEO 的主要工作是听取试点汇报，并确定是否推广；人力负责人负责牵头做信息化项目复盘，并制订推广计划；信息化试点负责人要配合复盘工作并总结经验教训；外部顾问负责提供教练支持，协助 CEO 做决策。

第五步，扩大数据化试点区域。

在这个阶段，CEO 需要组织成立信息化实施委员会，数据化建设负责人在人力资源部的支持下扩大队伍，外部顾问机构继续提供建议，赋能组织内部研讨会。

第六步，制订全集团的数据化建设方案。

有了从点到面的数据化建设，以及不断地复盘总结，整个组织对数据化的理解越来越深入，在 CEO 的授权下由信息化负责人牵头制订集团的数据化实施方案，然后经过董事会批准后全面落地实施。企业要实现数字化，一定要做好数字化的顶层架构设计。数字化不是对企业进行信息化改造，而是对原有模式的颠覆和重构。重构好比建造一个房子，没有顶层设计，即使花钱再多也盖不出好房子。

第七步，全面落地，定期复盘，持续优化改进。

首先，企业要进行核心系统的信息化建设，即财经信息系统；其次，打通业务信息系统；最后，监控信息系统。企业要先分业态、分区域、分步骤地开展业务，并按照先易后难的顺序全面开展。企业可以先系统性推动方案落地实施，然后进行阶段性的检查，总结效果，进行方案的迭代优化。这是一个长期、常态化的过程，没有终点，而且没有最好，只有更好。

这只是数据化建设的部分内容，可供大家在数据化建设过程中参考使用。每个企业的数据化过程都是不同的，企业还要视情况予以调整，这样才会有效果。未来将是 VR、AR 和 MR 的时代，我们可以用场景化和体验化来验证数字化转型的效果。

3. 创新能力

管理者首先要具有内修心智、外修专业的不断学习能力，然后在此基础上，还要具备创新的能力。

首先，内修心智能力。

现代西方管理思维的路径沿袭了主客二分的科学理性思维，把“人”这个管理要素高度抽象和客观化，然后抽离于整个管理系统之外，凌驾于管理系统之上，甚至赋予“全能”的色彩。这就导致了人性的膨胀，丧失“自然维度”的人性是自大张狂的，是“失控”的，妄想人是自然的主人。

而“无为而治”的管理哲学追求的是一种天人之境，这符合中国文化的内在精髓，是一种整体的宇宙观、人生观和方法论。人不是脱离于自然的“造物主”，也不是衡量一切宇宙价值的“标尺”，更不是万物的尺度，而是与自然相谐相生。人，不是游离于整个自然系统之外，而是自然的一部分，人在遵循自然之道的过程中获得自身的“本分”和价值。

现代企业管理者需要给自己培养一颗“道心”，知进退，明人伦，晓哲理，掌握“无为而治”的管理艺术。

人类所有的组织都是一个平台，包括公司、机构等。各种资源呈现于平台之上，任由人们去组合利用。企业家通利万物的能力大小，决定企业配置和调动社会资源的深度和广度，决定企业的规模大小和平台的高低。

笔者认为“上善若水”是最高明的做事方法，即像水一样，擅长通利万物而不与万物进行碰撞式的竞争。“上善若水”给企业家们指出了提升自己思考维度的三重境界，即善利、不争、居众人之所恶。

想要提升自己的领导力，企业家需要在7个方面不断修炼，即居善地、心善渊、与善仁、言善信、政善治、事善能、动善时。水擅长于通利天下万物，与天下万物互相渗透、互相包容。水不但存身于江河湖海，亦可存身于万物的孔隙之中。水可以影响万物、调动万物，是因为水与万物是一体的，这是水可以通利万物的根本原因。水与万物同生同灭、共存共荣，与天下万物的利益是一致的，没有私利。

现代企业中往往存在多方面的人才，而管理就是协调这些人才的个体活动，一起去致力实现企业目标。一个管理者的职责就是充当组织内各成员信息联系的中心，努力协调他们的协作行为。所以，管理者要能容常人所不容，行众人所难行。海纳百川，有容乃大。管理者只有承受企业组织内的困难、风险，有时甚至是耻辱，善待他人，信任部属，以德报怨，才能使下属逐渐养成对组织的忠诚、信赖和责任感。而这些优良的心理素质和工作态度，才是组织生存和发展的源泉，是管理成功的内在动力。

其次，外修专业能力。

如今，管理者所面对的管理对象已和以往不同。面对“90后”“00后”，面对新时代的知识型员工，管理者必须进行反思，并进行自我角色的转变。单纯的说教或者利用组织所赋予的职权已无法使被管理者心服口服，管理者所面对的挑战来自管理对象的改变，如今的管理者必须做专家型的领导。

所谓专家型的领导，是指在专业领域有独特的造诣和建树的管理者，其个人威信是靠专业能力树立的，而不是靠组织权威强加的。专家型领导首先是专家，其次才是领导。专业能力是其作为领导的基础，领导是其专业能力的拓展。

时代需要专家型的领导，如今早已不是外行领导内行的时代，很难想象一个不懂专业的领导如何制定企业的发展战略、如何把握行业的最新发展动态。如今的时代需要专家型的领导，员工需要专家型的领导，股东和投资者一样需要专家型的领导。

苹果之所以能够成为伟大的公司，是因为专家乔布斯具有专业精神。由专家领导的企业，其企业基因中存在创新的动力，从而也促进了企业的持续发展。

如何做专家型的领导？

（1）企业家要加强专业能力修炼。专业能力是专家型领导的存在基础，所以，要想成为专家型领导，企业家的首要任务是成为专业方向的领导者和领军人物。在科技飞速发展的今天，只有走在技术的前沿，企业家才能领导企业实施创新与变革，才能使企业持续发展和永续经营，实现企业的基业长青。专家型领导要打造学习型团队，要做团队的领导者。专家型领导不但要加强自身修养，还要促进团队成员不断学习，这样才能保持团队的竞争力和创新能力。

（2）做专家型的领导，要求企业家必须在专家的基础上学习和修炼领导技能，多做教练，少做领导。知识型的员工最讨厌的是瞎指挥、指手画脚、光说不练。知识型的员工需要教练不需要领导，他们尊重真理与知识。因此，面对知识型员工和具有新思维的“90后”“00后”，企业家必须学会沟通，必须学会做教练，学会辅导，学会率先垂范，而不是强制、恐吓、威胁、拉拢等，因为他们更崇尚专业而不是权威。

（3）做专家型的领导，企业家必须加强个人修养，对专业崇尚与尊重，树立正确的人生观与价值观，尊重人性，科学严谨。此外，专家型的领导还要具有一丝不苟、刻苦钻研的治学态度和实事求是、尊重真理、尊重知识的工作作风与为人品格。高尚的人品与人格将让专家型领导更具个人魅力，更能获得下属员工的忠心跟随。

总之，企业家做专家型的领导已成为时代的必然。在当今时代，企业家必须脚踏实地，尊重知识，尊重专业，加强专业学习与修炼，这样才能成为一个合格的领导者。

最后，用创新拥抱未来。

创新也要试错，要不怕失败。企业家要坚持创新的效益导向，认真思考，研究创新方向，提高创新的质量和效率，以节约创新成本，减少盲目和不必要的风险。这样，企业才能获得持续、健康的发展。

有人说：“不创新等死，盲目创新找死。”创新是风险重重的艰难工作，但又意义重大。创新的任务是什么呢？那就是要减少风险，进行有效的、有目的的创新。科学家的创新是科学发现，并不一定关注短期的经济效益，而企业受到严格的商业规则约束，如果没有产生利润或市场价值就很难持续发展。当然创新失败是有概率的，企业在创新时要敢于试错、不怕失败。

创新不是一些人的灵光乍现，也不是异想天开，而是不断学习，不断实践。创新并不神秘，它既有规律可循，也有模式可依。笔者总结了企业常用的，而且在现实中行之有效的 5 种创新模式，包括自主创新、集成创新、持续性创新、颠覆性创新、商业模式创新。企业应根据自身状况和发展阶段，在实践中认真研究，活学活用。

自主创新相对比较难，投入大、耗时长。在医药行业里，一种新药的研发大概需要 10 年时间、20 多亿美元的投入。据了解，国外的大型制药企业往往不追求琳琅满目的药品，而是只研制几种好药，每种药一年可能有上百亿美元的收入。当然，一旦专利到期、技术解禁后收入就会有所下降。自主创新不容易，但在一些关键核心技术上，企业必须通过自主创新攻坚克难。

集成创新就是把各种创新要素结合起来，既有借鉴的，又有企业自己的，或者把其他行业的一些创新要素放在本行业里集成起来。这就如同把做面包的技术用在蒸馒头上，是介于自主创新和模仿创新之间的一种创新模式，是一个知识重组、技术重组、要素重组的创新过程。

如今很多的创新都是集成创新，由某个企业单独开发的技术可能比较少，各企业在创新过程中互相借鉴、互相学习，寻找资源配置的最佳方式来开发新技术，实现各种要素的有效集成和优化组合。企业要能广泛吸纳国内外资源为我所用，将分散创新的研发效率、大规模创新的协同效应和大规模应用的市场效应紧密地结合在一起的企业，才能在市场竞争中占据主动权。

企业中大量的创新属于持续性创新。德鲁克曾说，多数企业家认为 10 年之后企业 90% 的产品会改变，但统计数据显示，10 年之后很多企业90%的销售收入还是依靠已有产品，只不过这些产品在不断更新换代。企业要立足于现有产业，在现有的产品基础上不断提升技术，开拓细分市场，深入挖掘创新潜力。

颠覆性创新即用全新技术颠覆传统技术。一般来说，一个行业会在15至20年发生一次颠覆性创新，但并不是所有企业都能实现颠覆性创新，这主要取决于企业的战略以及资金、人才、技术等资源条件。

企业在做好持续性创新的同时，也应积极尝试颠覆性创新。一些领先的企业之所以会走向失败，就是因为对持续性创新比较坚持，而对颠覆性创新不够敏感。当年柯达发明了数码相机，但因太珍惜胶卷赚取的高额利润而没有进一步进军数码相机市场，后来在数码相机市场的挤压下逐渐走向破产。

如今不少汽车公司既生产汽油车，也生产电动车。如果企业对创新高度敏感，那么没有一个员工敢掉以轻心。企业可以把进行颠覆性创新的人员独立出来，成立新部门，与原有业务分开，让不同专家分别进行创新，这样才能把各方面都做好。

商业模式创新必然会给企业带来新变化。对于企业来说，高科技固然重要，但同时也应注重中科技、低科技和零科技。高科技对社会的贡献率约为25%，而中科技、低科技、零科技对社会的贡献率约为75%。

什么是零科技？商业模式创新就是零科技。虽然这看起来没有太多的科技，但却创造了很高的商业价值。麦当劳、肯德基、星巴克、家乐福等知名企业，从事的都不是高精尖事业，而是通过探索新的商业模式创造了惊人的业绩。如今的很多消费互联网企业，在科技方面并没有什么创新，但是却应用互联网技术建设了一个平台，创造了巨大的价值。

企业不能为了创新而创新，而要为了解决客户的问题，为客户创造价值而创新，这是根本理念。企业要在商业模式上不断突破，学会在价值链或价值网中思考问题，通过改变商业模式的构成要素或组合方式，用不同于以往的方式提供全新的产品和服务，不断提高价值创造能力和盈利水平。

第 11 章

企业银行家的三个段位

我们所说的成本管理、账务核算和资金收支工作，都是较为传统的财务工作。在移动互联网时代，传统账务处理会由财务共享中心取代，未来财务机器人会参与其中。

财务转型可以推动企业盈利转型。其实，过去也发生过财务转型，近十几年，财务系统已经实现了两次华丽转型。

随着财务软件面向市场，手工财务核算系统转型为电脑核算系统，这极大地提高了财务人员的工作效率，但财务系统的核心工作未发生改变。从传统会计中分离出来的管理会计，与财务会计并列成为财务系统的一个分支。

科学技术是第一生产力，工业互联网和人工智能已经上升到国家层面，人们的生活中无处不见移动互联网技术，移动互联网技术正在改变着各行各业，包括财务体系。随着 5G 及工业互联网时代的到来，移动互联网可以实现设备、生产线、工厂、供应商、产品和客户的互联互通，从而逐渐实现生产自动化、智能化。

我们在公司报销费用，公司不再支付给我们现金，而是通过银行转账的方式将钱支付给我们。

工业互联网时代已经到来，这就要求财务首先要完成流程层面信息化建设，其次要完成业务层面信息化建设，最后要完成监督层面信息化建设。各层面信息化建设完成之后，企业还要打通数据接口，实现内外互联互通。工业互联网时代，财务系统的信息化迫在眉睫。财务系统中将会出现财务机器人，财务共享和自动支付系统便是财务机器人的雏形。

如果财务系统的技术更新速度跟不上时代发展的速度，那么会面临被淘汰的风险，这样一来，财务系统的价值也会发生转变。从这种意义上来说，仅仅拥有证书的财务人员是无法成为企业银行家的。

11.1　职能型财务总监

按照职能划分，财务总监可以被划分为以下几个种类：会计核算财务总监、管理型财务总监（财务总监 BP）、资金型财务总监和税务总监等。

会计核算财务总监遵循的业务逻辑是会计准则，按照权责发生制、平均值法等进行财务处理，按照《中华人民共和国会计法》等出具政府监管机构要求的报表，每月及时、准确、完整地提交三大会计报表。

财务总监的主要功能是核算，核算在过去的一个年度、一个季度或者一个月度内企业的经营结果如何，其中最基础的还是会计核算。财务总监作为企业的财务管理方面的最高组织指挥者，其首要的任务就是组织好企业的会计核算。企业所有的财务管理工作都是建立在及时、全面、真实的会计核算基础之上。

战略伙伴财务总监，也称为管理型或业财融合型财务总监。

在内部阿米巴重新划分经营单元后，按照阿米巴单元内部市场化经营的原则，进行财务数据支持，其背后的逻辑是财务对业务的支持。管理型财务总监的工作包括编制组织预算。预算管理在企业管理中的重要性很大，管理型财务总监按照财务预算数据来提供调配资源的建议。

管理型财务总监的工作还包括财务数据支持下的精细化成本控制，即通过定额成本管理、对标成本管理等手段进行数据化支持。此外，管理型财务总监的工作还包括输出企业内部优化的管理制度。

财务管理作为经济组织管理中的一个重要组成部分，财务管理体系化和法制化必不可少。财务总监是这一法制化体系建设的组织者，要对制度的执行进行详查，并提供制度优化方案。

管理型财务总监的工作还涉及采购环节。当采购总监去跟供应商谈判的时候，财务总监就应该协助采购总监评估供应商，要求供应商给出最合适的价格，确保企业有利润，同时要求供应商给出最长的账期，确保企业现金流健康。

在销售环节中，财务总监也发挥了重要作用。一方面，财务总监协助销售部门进行产品定价；另一方面，对客户进行资信调查。如果客户信用良好，可以给予其一定的账期，刺激客户消费；如果客户的信用不好，财务总监就必须控制账期，确保企业现金流的安全。

人们常将企业的资金比作人体身上的血液，缺少血液，人就会失去生命；即使不贫血，血液流动不畅人也会生病。企业也一样，缺少资金，企业会面临倒闭风险；资金流动不畅，企业会出现经营困难，无法运营下去。

企业的经营过程其实就是一项资金转化成另一项资金的过程，从货币资金开始经过储备资金、生产资金、销售资金这几个阶段，经过一个循环最后再回到货币状态，不断往复。在企业资金的循环过程中，为了确保资金需求量、流动顺畅，需要人来合理调配资金，对企业营运资金管理也是企业财务管理的重要内容之一，也是难度比较大的一项工作。如何合理调配企业营运资金，保证企业“血液”顺畅流动，是财务总监的日常工作之一。

财务总监还要为企业生产与发展融资。资金对企业发展的重要性不言而喻，在企业生产经营过程中，资金的需求量是随着生产经营的变化而不断变化的。然而由于种种原因，企业不可能拥有一个能够随时支取资金的“百宝箱”，绝大多数企业需要通过资本市场、金融市场、经营市场去筹措企业经营所需要的资金。筹措企业生产经营、投资发展所需要的资金是财务总监的重要工作之一。

企业中还要有税务总监。依法纳税是每个企业应承担的法定义务，但缴税都会导致企业资金净流出。企业资金流出一点，留给企业自用的资金就会少一点。企业要实现既依法纳税，又避免资金过快、过于集中流出，就应当进行业务调节、纳税筹划，在遵守国家法律法规的基础上，合理调节企业税负。

11.2 企业银行家—入局型

未来的财务应向价值创造转变，即财务体系直接创造价值。这是未来财务总监转型的方向，笔者称为企业银行家。

企业银行家是对企业盈利方式的颠覆性变革，企业银行家要具有实业盈利思维和金融盈利思维，推动企业由单一盈利模式向多维度盈利模式转变。高维度经营既包括现金流经营，也包括股权经营，因而企业需要现金经营 CEO 和股权经营 CEO。

这两类 CEO 均可被称为企业银行家。他们要分别针对金融市场和股权市场搭建组织架构，通过有效的绩效机制，让组织架构有效运行起来，让公司拥有强大的现金流，让公司的股权价值最大化。企业银行家对整个企业的领导框架如图 11-1 所示。

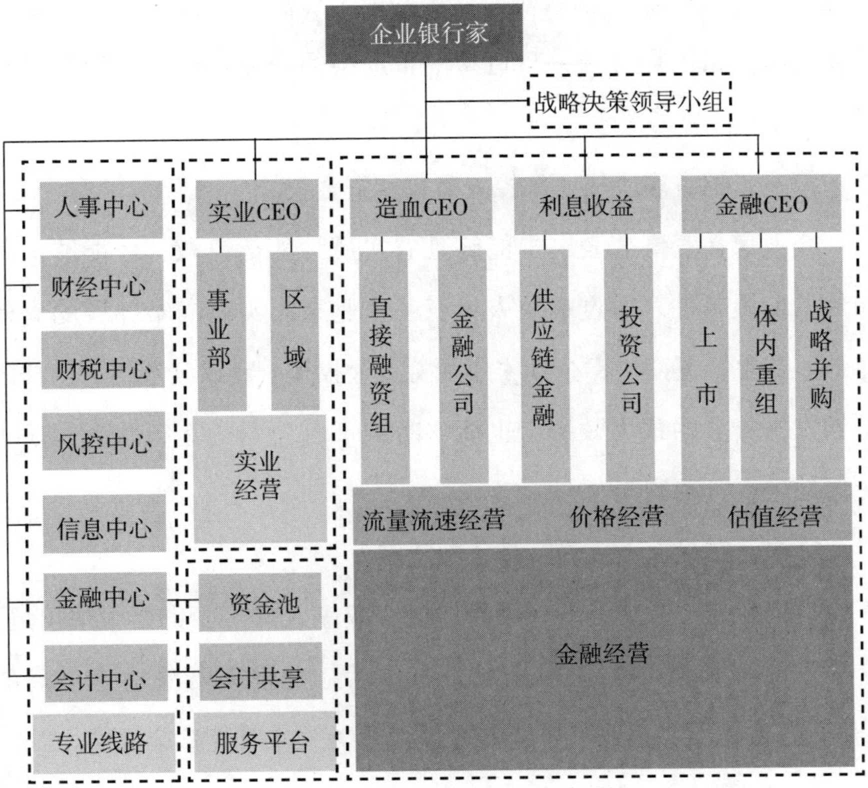

图 11-1　企业银行家对整个企业的领导框架

11.3　企业银行家—布道型

在大型集团的经营系统内，至少有 5 层结构嵌套在里面，包括股权层面的治理结构、阿米巴内部市场化运行的治理结构、实业经营 CEO、现金流经营 CEO 和股权经营 CEO。要把这些结构有效融合在集团公司内，就需要企业家具备高水平的顶层设计能力，并具备驾驭这几个体系的能力。如果拥有这些能力，那么企业家就达到了企业银行家的最高层级——布道型。布道型的企业银行家有以下几个特点：

第一，拥有表决权、掌控人事权和资金权。

企业家在董事会表决中能够具有实质性的话语权，才能够具备布局的前提条件。通过掌控人事权，企业家能实现战略部署的有效落地。在整个集团中，企业家还要将资金权提升到最高层级，这样既能够发挥资金的最大效率，也能够时刻了解公司的运行状态，便于更好地进行资源调配。

第二，布局而不入局，具备帅才能力。

当局者迷，旁观者清。因而即使企业家入局了，也要很快出局，这样才能够从整体上把控全局。布局后，企业家要清楚这个局的“开关”在哪里，企业家要能够通过“开关”来掌控这个局面。

第三，具备赛道管理和切换的能力。

集团公司，尤其是多元化公司往往会涉及多个业态，因此这类公司的管理者要具有不同业态的驾驭能力，在脑海中具有方格管理的能力，不同的业态和赛道对应不同的方格，因此管理者还要具有随意切换的能力。

第四，具备降维打击的能力。

这是高维度经营的目的之一，布道型的企业银行家要能够应对不对称竞争，在市场竞争中具备对竞争对手降维打击的能力。